B 專屬型人的血型星座大解析

永續圖書線上購物網
讀品文化事業有限公司

www.foreverbooks.com.tw

yungjiuh@ms45.hinet.net

幻想家系列 56

專屬 B 型人的血型星座大解析

編　　著	米蘭達
出 版 者	讀品文化事業有限公司
責任編輯	洪雅雯
封面設計	林鈺恆
美術編輯	王國卿

總 經 銷	永續圖書有限公司
	TEL ／(02)86473663
	FAX ／(02)86473660
劃撥帳號	18669219
地　　址	22103 新北市汐止區大同路三段 194 號 9 樓之 1
	TEL ／(02)86473663
	FAX ／(02)86473660
出 版 日	2018 年 10 月

法律顧問	方圓法律事務所　涂成樞律師
CVS 代理	美璟文化有限公司
	TEL ／(02)27239968
	FAX ／(02)27239668

國家圖書館出版品預行編目資料

專屬 B 型人的血型星座大解析／米蘭達編著.
--初版. --新北市 ： 讀品文化, 民 107.10
面； 公分. --（幻想家系列：56）
ISBN 978-986-453-082-3 (平裝)
1. 血型　2. 占星術
293.6　　　　　　　　　　107013705

前言

「你是 B 型嗎？難怪那麼路癡。」

「他那麼愛出風頭哦，獅子座吧。」

「房子收拾得那麼乾淨，你是處女座吧？」

……

　　不知從什麼時候開始，血型與星座成了我們見面聊天時常見的一個話題，而且還被很多人奉為「聖經」來信仰。當然，也有很多人存在深深的疑惑：「這東西準嗎？唬弄人的吧？」而有些人則將信將疑：「看看吧，有些說得還蠻準的呢。」

　　血型與星座有什麼樣的關係？它們能否決定人的性格特徵？這些未被科學論證的話題一直籠罩著神祕的面紗，難登大雅之堂，只在坊間流傳。

　　事實上，血型研究與星座研究，既有相同之處，也有很大的區別。血型研究主要是觀察和分析不同血型的人所表現出來的氣質特徵，進而總結出來一系列結論，它注重的是不同血型的人在不同行為模式下的心理感受，尤其是人際交往時所產生的微妙心理。嚴格來說，血型研究屬於心理學的範疇。而星座

研究主要是根據一個人出生時，行星分佈的狀況而推算出他們的先天性格和後天命勢，它屬於命理學的範疇。

血型與星座，與純粹的算命、占卜不一樣，它們是在經過眾多的資料統計與事實分析的基礎上總結出來的結論，不是隨意的猜測和臆想，因而具有一定的科學性。

不過，需要說明的是，我們不能單純地拿血型與星座去判斷一個人的性格氣質，它們只是輔助我們生活與社交的分析工具。透過對血型與星座進行分析，我們多了一種瞭解自己與他人的有效途徑。

生活中，許多事情是可以從血型或星座的角度去進行分析判斷的，而且它們能告訴我們在其他地方得不到的答案。血型與星座包含的知識、蘊涵的哲理既深奧又神祕，它們讓我們的生活充滿神奇的魅力。

如同不能簡單地按照四種血型把人分成四種群體一樣，我們也不能簡單地按照十二星座把所有人的性格分成十二類，不同血型下的相同星座或者相同血型下的不同星座，所表現出來的性格特徵是大不相同的。「血型＋星座」，這種更詳細更全面的排列組合方式，將讓我們對身邊的「你、我、他」有更為透徹的認識。

血型與星座，對一個人的性格、氣質、運勢有非常大的影響。科學地運用血型與星座的知識，可以幫助我們妥善而巧妙地處理生活中錯綜複雜的事業、戀愛、人際、婚姻、家庭、財富、健康等問題，給我們提供有針對性的指導方法。可以說，

掌握了一定程度的血型與星座知識，就是在一定程度上就掌握了解決生活難題的「祕笈」。

在我們出生的那一刻，上天就給我們指定了一個不可更改的血型與星座，不管它們是不是你最喜歡的那一個，它們確實默默地存在，並無形中影響著我們的人生觀與行為方式。透過對它們做進一步的瞭解，我們就可以揭開依附在我們身上的性格密碼，以此為出發點去觀察、分析、處理好與周圍人的關係，逐步完善我們的人生。

本書主要是提供給B型人或關心B型人的星座說明書，裡面有你關心的各種各樣的問題——大至B型人的性格特徵、人生運勢、職場命運，小至B型星座人的戀愛攻略、財富密碼、健康指南等，讓你全方位地瞭解自己、看透他人，更好地把握自己的人生。

不管你信不信，很多學問，在其撲朔迷離時最有魅力，一旦真相大白，反而失去其吸引力了。血型與星座就是這樣一門學問，讓無數人不遺餘力地探索，並樂此不彼地討論。

不過，我相信，當你翻開這本書，看到這篇前言時，你或多或少已經對血型和星座產生好奇心，並開始關注了。那麼，你為什麼不繼續往下看呢？

1 B 型人性格奧妙剖析

2 B 型人輕鬆玩轉職場

3 B型社交達人的實戰技巧

4 B型人健康大揭祕

5 B型人日常生活小提示

6 B型人之黃道十二宮

開篇

　　1901年，這是血型學說史上一個重要的里程碑。

　　這一年冬天，奧地利維也納大學的研究所裡，一個名叫卡爾‧蘭德施泰納（Karl Landsteiner）（1868年－1943年）的年輕助手正在一遍又一遍地做著同樣的試驗：他把從22位健康人身上抽取出來的血液分離出血球與血清，然後逐一將它們排列組合，他發現了這樣一個奇怪的現象──有些血液之間會產生凝血塊（輸血過程中發生紅血球凝集現象是一個危險的信號），而有些卻不會？而且這種凝集現象不是由於病症引起的，而是一種正常的生理現象。

　　看似一模一樣的血液，為什麼會產生不同的反應？裡面到底藏著什麼樣的祕密呢？

　　經過反反覆覆的實驗觀察與分析，蘭德施泰納成功地將這22個人的血液分成三種不同的類型，取名為A型、B型、C型（即現在所說的O型）。第二年，蘭德施泰納的同事德卡斯楚和施圖利經過研究發現了第四種血型──AB型，完整的A、B、O血型系統由此形成。後來，特殊血型MN型和Rh型又被別的研究者發現。

血液的凝集與血型的關係

捐血者 ＼ 輸血者	A型	B型	AB型	O型
A型	不凝集	凝集	凝集	不凝集
B型	凝集	不凝集	凝集	不凝集
AB型	不凝集	不凝集	不凝集	不凝集
O型	凝集	凝集	凝集	不凝集

　　在這以前，雖然有很多人已經認識到血液對於人的生命的重要，但卻不知道人類血液還存在型別之分。因此，曾發生許多因輸錯血型而致死的悲劇。蘭德施泰納血型的分類挽救了無數人的生命，基於血型分類在臨床上的重大意義，蘭德斯太納獲得了1930年的諾貝爾生理學或醫學獎，他的生日6月14日自2004年始被定為世界捐血日。

　　那麼，血型是按什麼來分的？它們之間的區別到底在哪裡呢？血型是人類血液型別的一種標誌。我們知道，血液由血漿和血細胞兩大部分組成，而血細胞又由紅細胞、白細胞和血小板組成。在紅細胞的表面有與血型相關的「抗原」，在血漿中有與血型相關的「抗體」。

　　在A、B、O血型系統中，紅細胞表面中有A抗原，血漿中就有B抗體，這就是A型血；紅細胞表面有B抗原，血漿中有A抗體，這就是B血型；凡紅細胞表面有A、B抗原，血漿中無抗體，就是AB型血；紅細胞表面無抗原，血漿中卻存在A抗體、B抗體，這就是O型血。（◎表2）

不同血型中抗原和抗體的組成

血型中的抗原和抗體			
血型	A	B	AB	O
抗原	A	B	抗A、抗B	——
抗體	抗B	抗A	——	抗A、抗B

　　根據上面的表格，我們可以知道，給病人輸血時一定要進行血型配對，否則會發生血液凝聚的危險，造成嚴重的後果。

　　血型的研究，從某種意義上講，它不僅與醫學有關，而且和人們的性格、氣質、思維、行為等有著密切的聯繫。血型學說形成20多年後，即上世紀20年代起，日本學者把血型放到人的性格方面去研究，獲得了許多重要的成果。

Part

1

B型人性格奧妙剖析

B型血在歷史是怎樣形成的

在人類形成的早期，並不是一下子就存在四種血型的。血型是在人類演化進程中逐漸形成並發展的，在每個血型的形成過程中，我們能看到歷史在它們身上留下的深深的印記。

在A、B、O血型系統中，B型血並不是第一個出現的血型。因此，我們想知道B型血的形成歷史，就要瞭解其他血型是怎麼出現的。

O型：頑強孤獨的狩獵者

O型血的歷史最為悠久。它大約出現於西元前四萬年前間。四萬年前，現代人的祖先克魯馬儂人出現了。他們的外表與今天的南部非洲人極為相似。

他們以狩獵為生，偶爾也採集野菜、樹根和漿果。在捕殺光了所有的大野獸後，他們開始從非洲向歐洲遷徙，並最終在三萬五千年前在整個歐洲定居了下來。

在那段漫長的歲月裡，為了能夠禦寒飽腹，他們不得不成日穿梭在原始森林中，四處出動尋找食物。他們的狩獵工具相當原始，因而在與野獸的搏鬥中，常常處於劣勢。

除了環境的極度惡劣，他們還面臨著與原著民尼安德特人

之間的競爭。為了生存，他們必須勇敢無畏，極具耐心，在成日的狩獵中忍受孤獨；他們必須具備超強的承受能力，決不能垮掉。終於，當尼安德特人消失在歷史的視野裡時，他們仍然頑強地生存了下來。O型人的出現，可說是順應自然的結果。雖然後來因為食物的短缺，他們不得不繼續向歐洲及亞洲大規模遷徙。

A型：擅長交際的拓荒者

後來形成的A型血人主要分佈在西歐，如土耳其、西班牙、地中海地區的亞得里亞海以及愛琴海沿岸，東方的日本也有分佈。他們的出現預示著人類進化的開始。

隨著狩獵武器的發明和改良，人類開始捕獲大量的野獸，以致出現了肉類的短缺。於是，進化開始了。從此，人類開始從事農業生產，並學會了儲存糧食。最開始的食物結構主要由植物、蔬菜和水果組成，直到一萬年前，人們才開始將糧食與牛奶作為主食。

在人類的血型逐步適應新的飲食結構的同時，這個改變了的飲食方式還要求產生一種新的性格。這種性格完全不同於獵人的孤獨和耐心，它要求含有更多的合作能力與集體精神，於是便產生了A型社交人。

這些人在小型的團體中並互相依賴，交際能力、溝通能力等得到很大的提高。這一切從人的血液中反映出來，就產生了A型人。

B型：善於管理的畜牧者

B型血可說是人類進化過程中的又一產物。從各種跡象看來，這一血型的人應該首先來自印度，是高加索人與蒙古人的混血民族。

隨著氣候的變遷、土地的過度種植，食物日益面臨短缺的危機，人類需要尋求新的食物來源。在向亞洲方向遷徙的過程中，人類學會了畜牧及馴養野生動物。這是一門全新的技術，它完全不同於狩獵及射殺動物。在這個過程中，他們需要行使控制權力，在照顧牲畜群時也逐漸提高管理品質，因為牲畜群必須聽從他們的指揮。

為了更好地照顧牲畜群，他們一方面不得不始終保持高度警覺，因為一不小心，牲畜就可能被其他人或動物偷走；一方面又不得不一再地尋找合適的牧場。在這種狀態下，他們的性格也逐漸變得比較強勢。

AB型人：人類大遷徙的結晶

AB型血的形成時間最短，直到近一千年到兩千年才出現。人類的大遷徙，是滋生這種新血型的原因。它們是在人類繼續從亞洲向西方遷徙時，被帶到西歐的東部地區，如德國和奧地利等地。

通常情況下，血型應按照一定的遺傳規律傳給下一代的。也就是說，在A型人與B型人結合的過程中，如果A型和B型一直為顯性，那麼他們的後代的血型也表現為A型或B型血，

很少會表現為 AB 型，所以 AB 型血的出現顯得非常特殊。

　　所以與前面三種血型相比，AB 型人顯得很神祕，他們時常覺得自己的性格既有 A 型的特徵，又有 B 型的傾向。正是因為如此的難以捉摸，所以 AB 型又被賦予了無限的魅力。

關於 B 型人，
你所不知道的祕密

　　B 型人的身上，存在著很多與其他血型不同的地方，下面讓我們一起對 B 型人性格祕密進行一一剖析。

　　快樂、好動、愛說話、親切、淡泊、吵鬧、心浮氣躁、膽大、冒險、粗心、好辯、意志容易動搖、行為誇張……這些詞都可以用來形容 B 型人。B 型人是一個比較粗線條的人，愛憑直覺做事。

　　B 型人是自由一族，他們熱愛自由，不喜歡被禁錮，不愛做計劃，喜歡根據自己的喜好行事。他們具有孩子般的強烈好奇心，對一切未知都願意去嘗試。他們碰見自己喜歡的東西時，便會不惜付出代價。

　　在工作上。B 型人做事可以不為錢不為利，只單純地享受工作過程中的樂趣。對 B 型人而言，如果工作中他感興趣的部

分消失時，那麼他們就會覺得這份工作對他失去了意義，沒有再繼續下去的必要。所以，B型人會為了自己興趣放棄很多事情。B型人頗有才華，有些人會在事業上取得令人矚目的成績，而有些B型人則會懷才不遇。很多出色的作家、顧問、教師、商人乃至於專家、學者都來自於B型人。B型人的可塑性最強，這在四種血型中是最為突出的。

在金錢方面。B血型的人通常表現的比較大方，而且全憑情緒而定。他們花錢沒有計劃性，而且不會理財；對朋友非常好客，經常大宴賓朋。所以在財政上，B型人經常處在比較混亂的狀態，很容易變成月光族。

在人際關係中。B型人在交際上具有天生的融通性，寬容大方，善待他人，能將別人的優點兼收並蓄，集眾家之長，獨創自家之大成。他們朋友多、人緣好，左右逢源，為事業和人生的發展累積了重要的人脈。同時，B型人熱愛和平，對公理的把握和對公平原則深有認同。因為不記「愁」也不記「仇」，所以沒有什麼煩惱，B型血人的人生比其他血型的人來得快樂輕鬆。

在做事方式上。B型人容易感情用事，常常因為難以控制自己的情緒而得罪他人。B型人因為重視理想，而輕視實踐，所以現實中缺乏可操作的辦法和應變能力。對於即將要發生的問題，O型會馬上採取行動和措施，A型會防患於未然，AB型會在不利因素中尋求有利因素作為突破，但B型人可能會有點措手不及。

在情緒方面。B型人的變化較大，因此他們常被人們稱為

情緒變化的「寒暑表」。他們的情緒多變常緣自於自己心態，所以有時連他們自己也說不清情緒發生變化的原因。此外，B型人情緒變化時，表現得很直接，讓人一下子就能看出來。不過，B型人一般不會採取大喜大悲形式，更多地表現為急躁、沉悶、沮喪不已，不像A型人那麼激烈。即使B型人處於焦躁不安的狀態之中，他們的理智也不會全然喪失，仍能保持一定的冷靜和客觀。

在感情上。B型人在沒有情感牽扯的時候，頭腦清晰冷靜，一旦陷入感情的漩渦，他們的世界順序就會被打亂了。B型人對待感情完全靠直覺，一旦對某個人感興趣，那麼地位、名聲、金錢等他們眼中就顯得非常不重要了。B型人樂意將自己的感情和別人分享，但對別人的評價會比較公正客觀。

在生活態度上。B型人喜歡變化的生活方式，因此經常會大膽接觸一些新奇的事物，尋求刺激。他們不會將自己局限在某個範圍之中，愛好到處走走。B型人具有獨行俠般的思維方式，他們喜歡輕鬆的環境氛圍，擁有屬於自己的空間，遠離紛繁複雜的世界，獨自享受生活的簡單。

他們覺得生命是一場快樂的宴會，有親情、有愛情、有友誼、有音樂、有美食，但這一切會隨著時間而逐漸變淡、消失。所以，生活上他們毫不拘束、揮灑自如，不在意生活中細枝末節不令人滿意的地方，盡量享受每一分一秒的歡樂與幸福。

B型血人的人生，是充滿情趣和自由自在的。他們對於生命並沒有很強烈的執著性，不會刻意去要求自己一定要得到什

麼，或要求其他人做到什麼，既不約束自己也不約束別人。所以，B型人的人生一般都是最快樂、自由、幸福的。

B型人的七宗「最」

最樂觀

B型人大多具備樂觀的天性，他們樂觀、開朗、充滿自信，從不因為一時的失敗而失意，也不因為不斷的挫折而屈服。他們在困境面前表現出更多的是一種自信與堅毅，並能將這種樂觀傳染給周圍的人。他們大多意志堅強，目光敏銳，頭腦也異常冷靜，這些都能幫助他們迅速地度過困境走上成功之路。

最創意

有一部分B型人身上富有創意的特徵比較突出，他們思想活躍，富有創造性，充滿幹勁，而且具有強烈的好奇心，勇於冒險、敢想敢為。他們常能產生一些新奇的想法，並能夠用創新而卓有成效的方法來解決問題、完成任務。他們對那種遵從固定程式、機械地重複過去的方式沒有興趣，所以他們常被稱

為「創造者」或「創新家」。

　　這部分B型人尤其是在困難時期，能以已有的經驗、知識為基礎，不斷摸索，發現解決問題的新辦法，進而不斷地前進。為了充分發揮他們的創造力，他們最需要做的，除了集中精力、果斷行動外，更重要的是注意綜合能力的提高和加強，只有這樣才能達不斷提高創造水準。

最反叛

　　B型人性格反叛，這是眾所周知的事情。他們從不受制於陳規陋俗，敢於逆流而上，經常反其道而行之；他們敢於打破常規，另闢蹊徑，踏入別人不敢問津之地；他們不理會一切教條或訓誡，以自己的喜好為重，有些人會因此開創自己的風格，走上成功的道路，但大多數往往會為了自己的所謂的堅持而「眾叛親離」。

　　敢於逆流而上的反叛者與思想活躍、敢於創新的創造者有所不同，創造者對已有的經驗有接受能力，而且可以把這些經驗運用到新的創意上去。而反叛者則是打破常規，標新立異，他們甚至會對已有的經驗完全拋棄，而獨樹一幟。

最狂放

　　在各種血型人當中都能找到狂放之人，但在B型人中，性格狂放者居多。在內心強烈的自我肯定意識的支撐下，他們對別人的指頭論足毫不在乎，對自己的言行充滿自信，敢於承擔責任。

不過，這類型的 B 型人在強烈的自我發洩下，容易對社會、人類產生較強的牴觸傾向，比較容易形成憤青。他們大多才氣橫溢，一生中能留下不朽的作品。

但是，具有狂放性格的 B 型人，做事充滿激情，容易堅持自己的理念不肯做出改變，因而顯得缺乏變通，一生中難免會遇到失意和痛苦。

最幻想

人人都愛做夢，都希望能把夢想變成現實。無數事實證明，人類各行各業的傑出代表絕大部分都擁有偉大的夢想，並在夢想的支配下不斷地付出努力，最終達到或接近最初夢想。在各種血型的人當中，B 型人是屬於最愛幻想的類型，他們想像力豐富，經常遨遊在天馬行空的世界裡。因為愛幻想，所以也具有很強的創造性。

不過，如果過分沉迷在幻想的世界裡，性格很容易變得怪癖，與這個社會格格不入。所以，這部分 B 型人注意不要過分放縱自己的思路，而加以必要的收斂，這樣更容易回到正軌上來，有利於新事物的開創。

最坦誠

B 型人性格中有坦誠、豪爽、快言快語的一面。他們將氣質特徵直接表現出來，為人坦誠，從不遮掩、拐彎抹角。他們對所有的人都一視同仁，不存偏見。

他們做事講究誠信準則，待人真摯，能和可信賴的人架起

心靈的橋梁，以此打開對方的心扉，進行合作共創偉業。但是，太過坦誠的 B 型人有時候容易得罪人，被人家利用。

最交際

在協調人際關係方面，B 型人顯然優越於其他血型人，他們不愧為人際關係的高手。會說話、機靈、富有協調性是 B 型人的顯著特徵。他們灑脫好動，感性靈敏，喜歡成為全場焦點，有強烈的表現欲，而且適應能力較強，行動也極為迅速，善於處理各種複雜的人際關係，人緣往往很好。他們是天生的「外交家」，B 型人的這個優勢對他們的人生和事業有很大幫助。

不過 B 型人在交際中可能缺乏計劃性，顯得較輕率，所以 B 型人在靈活灑脫中再添加些理性與謀略會更成功。

簡單而快樂的 B 型人

B 型人崇尚簡單的生活方式，即使遇到再複雜的事情，都喜歡用「簡單」來處理，所以 B 型人很容易得到快樂。他們眼中的快樂，就是這麼簡單的事：

❤異性一個特別的眼神。

❤聽收音機裡播放自己最喜歡的歌曲。

❤躺在床上靜靜地聆聽窗外的雨聲。

❤發現自己最想買的衣服正在半價出售。

❤在浴缸的泡沫堆裡舒舒服服地洗個澡。

❤有人體貼地為你蓋上被子。

❤在沙灘上曬太陽。

❤在去年冬天穿過的衣服裡發現200塊。

❤沒有任何理由地開懷大笑。

❤剛聽了一個絕妙的幽默。

❤半途醒來發現你還有幾個小時可以睡覺。

❤交新朋友或和老朋友在一起。

❤愛人輕輕撫弄你的頭髮。

❤甜美的夢。

❤見到心上人時心頭小鹿亂撞的感覺。

❤贏得一場精采的棒球或籃球比賽。

❤看到朋友的微笑，聽到他們的笑聲。

❤偶爾遇見多年不曾謀面的老友，發現彼此都沒有改變。

……

　　享受生活的每一天，讓每一天都燦爛明媚，其實就是B型人內心最大的幸福與快樂，因為只有單純的心靈，才能在紛繁的世界中體會並抓住最真實最有價值的東西。

　　在四種血型中，B型人生活得比較灑脫、自由、快樂，是因為他們還掌握了以下「簡單的方式」：

★ 一、不去理會，讓一切順其自然

這種方法有助於減輕和放鬆精神壓力，任何事情順其自然，該怎麼辦就怎麼辦，做完就不再想它，不再評價它了。如好像有東西忘了帶就別帶它好了，擔心門沒鎖好就沒鎖好了。他們這種做法，往往能克服很多不必要的焦慮情緒。

★ 二、遇事沉著冷靜

很多人在遇到緊急任務時，會變得煩惱和焦急，想急於求成，但往往方寸大亂。而B型人則採取了另外一種行之有效的應變措施，他們在工作中遇到難題或必須完成緊急任務時，首先會表現出沉著冷靜，並做放鬆性的自我暗示，「著急是無濟於事的」、「欲速則不達」，這樣他們就會放鬆心情，有效地去排除難題或完成任務。這樣就能形成良性循環，應急能力會變得越來越好。

★ 三、「心安理得」地生活

簡單是B型人追尋的一種心境，他們認為即使日子過得清貧，但只要誠實、勤勞，吃的都是自己擁有的東西，吃起來有滋有味；擁有一顆善良的心，對不勞而獲、偷偷摸摸地享有別人的東西感到不安；為人正直，不做虧心事，不必擔驚受怕；沒有貪念，可以經得起物質的誘惑，放棄不勞而獲的物質生活的享受，品嚐心靈的自由與安寧。因為懂得這些，所以B型人往往很舒心，生活很有樂趣。

給B型人的建議

　　B型人優點多，缺點也不少，如果能在日常生活中有意識地收斂一下自己的行為、改變一些不太好的習慣，那麼他們的生活可能會變得更加輕鬆自在、遊刃有餘。

　　他們的性格中有獨斷獨行、處世不夠慎重、意志不堅定、容易朝三暮四的特點，所以要有意識地提高自我控制能力、培養自己有始有終的性格。

　　B型人有時過於自我，強烈的自我肯定，以自我為中心，都讓B型人經常顯得無視他人的存在。他們在和人談話，似乎總表現得無所不知的樣子，而且對他人往往是貶多褒少，所以，B型人經常給人留下狂妄、不知天高地厚的印象，引起一些人的反感。所以，B型人要注意收斂自己的狂傲，讓自己變得低調、謙虛一些，這樣才能收到更多人的歡迎，做起事情來也更加順利。

　　B型人主觀意識強，對自己不感興趣的事情顯得漫不經心、心浮氣躁，對自己不認同的建議置之不理，所以有時B型人看起來很散漫，讓人很頭疼。鑑於這點，要儘量學會換位思考，對於不喜歡的事情，也要學會適當的妥協。過度的放縱自己，並不是一件好事情。

　　B型人如果腦海中萌生某個新奇的想法，會很快地付諸行動，有時候這是一個抓住靈感的好方式。但是，有時候會在沒有做好充足計劃和準備的情況下就行動了，會顯得很衝動、冒失，效果往往也不太理想。有時候B型人面對難題時會把注意力放在別的地方，出現不敢面對、逃避的情況。所以，一定要培養自己直面現實的態度，不可過於樂觀，做事情儘量做好足夠的準備。

　　B型人瞬間的集中力是非常棒的，但是因為他們的興趣和注意力不斷轉移，所以缺乏持久性。他們有時候在和別人說話時東張西望，有時候在工作、學習、讀書時顯得心不在焉，這些對他們長久的社交和工作來說是不利的。所以，在做一件事情時要下意識地提醒、督促自己，要盡可能地專心、深入一點，每天適當地延長專注的時間，持之以恆，這樣集中力就會慢慢變得持久。

　　B型人的決斷力也是四種血型裡面最強的，不過決斷往往比較草率，給後期遺留很大的問題。B型血人在做決斷之前，最好要有慎重的態度。在做任何一個決定之前都要經過冷靜思考和正確判斷，否則，意氣用事百分之百都會失敗的。三思而後行、充分地考慮、果斷地行動，這樣才能保證自己的決策能帶來良好的效果。

　　B型人有時候過於樂觀，對自己的缺點、不良習慣、事情的隱患等認識不足，這些很容易造成嚴重的後果。所以要學會反省自己，改變粗心大意的毛病，對自己的不足認識得透徹一點，對事情的進程把握得準確一些，這樣才有可能讓事情朝良

好的方向發展。

　　B型人有自己性格上的優勢，也必定會有性格上的劣勢。只要在適當的場合發揮自己的優勢，而在必要的時候又能收斂自己的劣勢，優劣互補，這樣才能創造更美好的人生。

B型人輕鬆玩轉職場

B型：職場中的自由人

　　職場中，B型人性格上的優勢是想像力豐富、果斷、處理事情乾淨俐落、有毅力，但不足之處是性急、極端、自我中心、隨心所欲、把事情想像得太簡單。對於自己喜歡的事物會表現出驚人的集中力，所以能很快完成。但是，有時候容易受情緒影響，做出大家不認可的事情，容易被誤解。

　　喜歡別出心裁，以獨創的方式進行工作，不大喜歡與人合作、集體討論專案，又不喜歡單一呆板的環境，不太愛遵守紀律與規則，所以，B型人是天生的自由派，適合從事創造性的工作。

　　有時候，對於上級指派給自己的「不得不做」的事情很懶散，而對於與自己關係不大的「不得不做」的事情卻很勤快，而且會拼命地儘快完成。

　　關於事業，B型人覺得遲早會取得一定的成就，於是經常把「立業」這個問題留到明天思考，今天先好好睡個覺。另外，B型人比較自我的一點，就是如果工作中有令他不愉快的地方，他會毫不惋惜地辭掉這份工作。在遭受失敗後，大多選擇逃避，需要很長的時間尋找勇氣來面對。

　　B型屬於完美主義者，對人或事的態度是比較謹慎的，但

是有時候還是比較粗心大意。有些Ｂ型人會帶有Ａ型人多慮愛猜疑的特點，因此Ｂ型人創起業來，缺乏一股Ｏ型人所具備的「衝動」，屬於「謹慎型」的創業家。

在公司裡，如果Ｂ型人比較多，那麼這個工作團隊很有活力，經常有出人意料的好點子出現。但是，這種團隊也最缺乏向心力，因為每個Ｂ型人都比較自我，覺得自己的結論才是正確的，所以對立的意見特別多。有強烈的自我主張，容易跟上司、同事起爭執。

有家資訊公司做過一項調查，發現不同血型的人在人際關係的需求上有很大的差異性。例如，在判斷「工作為什麼不好」或「為什麼跳槽」時，「人際關係太複雜」是一項重要因素，但不同血型人的對此的選擇卻大不相同，Ａ型為35％，Ｂ型為24％，ＡＢ型為30％，Ｏ型為18％，由高到低的排列次序為：Ａ型、ＡＢ型、Ｂ型和Ｏ型。可見，在四種血型中，Ｂ型人不太關心人際關係，人際關係對Ｂ型人的影響不大，僅次於Ｏ型人。

那麼，愛憑興趣和感情做事、天生熱愛獨立自由的Ｂ型人適合什麼樣的職業呢？在現實社會生活中，Ｂ型人從事的職業和扮演的角色非常豐富：從朝九晚五的上班族到自由職業者；從官員、外交家、商人、軍人、員警演員，到作家、科學家、技術人員；從正面人物到行為怪異者；從傑出優秀的大人物到一事無成的糊塗蟲……無不存在著Ｂ型人的身影。Ｂ型人的自由自在、隨意、創意在任何行業都非常突出，他們的可塑性也是最鮮明的。

為了能在面試時脫穎而出，所以要記住一些面試小提示。有時候，B型人自由奔放的氣質在面試中很能得到對方的認可，但有時候卻使面試官反感。所以，對B型人來說，在面試時最好能乖一點，表現出自己踏實、有毅力的一面，這樣優劣互補，往往能獲得較好的效果。尤其當面試官是A型或B型時，就更應該更注意。

B型主管有著怎樣的做事風格

我們知道，在工作中，不同的主管因為性格不同所以他們的做事風格也是各不相同的，因此，透過血型瞭解上司的管理方式，將有利於提高我們的溝通與辦事效率，減少不必要的摩擦。那麼，B型主管的做事風格是什麼樣子的呢？

一、B型上司的脾氣像「六月的天，孩子的臉」

B型上司的情緒和脾氣經常讓人琢磨不透，有時候會因為下屬的一個小小的過錯甚至算不上過錯的小錯誤而「怒眉」相對、大加指責，有時候卻會莫名其妙地對下屬特別好。B型上司的情緒和脾氣就如天氣一樣多變，讓人抓不住規律。

 二、B型上司經常「朝令夕改」

當然，B型主管的想法也讓人難以捉摸，「下午1點開會」
經常改為「下午的會議延遲到3點」，然後「下午3點的會議
改為明天早上」，「昨天幫我約好的客戶時間改到下星期」，
等等。B型主管比較自我，根據個人的喜好更改別人的安排，
他們的這種突然的「變調」在剛開始時經常會讓新人措手不
及，但是，瞭解B型主管的作風之後，只要你時刻做好心理準
備，就會習慣的。

 **三、B型上司對承諾比較輕率，經常給人言而無信
的感覺**

B型上司的個人能力非常突出，往往會讓下屬心悅誠服，
但是有時候說的話卻讓下屬半信半疑。「小李，加把勁，把這
個項目做完，放你幾天假」、「最近你們部門的業績非常不
錯，如果能把這個地方的銷售量攻克下來，那麼我會向總經理
推薦你的」、「下個季度我們出國公費旅遊」……下屬剛聽到
時確實非常受鼓舞，但是項目做完了、業績也攀升了，但是B
型上司的諾言卻遲遲沒見兌現？難道開「空頭支票」只是為了
讓下屬更好地完成工作？其實，B型上司的「承諾」在開始是
準備實現的，但是由於性格上的大意、健忘，才導致「言而無
信」。B型上司「輕率承諾」的缺點確實對他們非常不利，常
讓他們在下屬中的威信大打折扣。

四、B型主管喜歡「個性」下屬

因為B型人本來就非常有個性，有很多稀奇古怪的想法，所以他們對那些有個性、有想法、聰明機靈的人比較看重。所以那些過於呆板、腳踏實地、默默無聞的人經常引不起他的注意。所以，在B型上司面前，你不要抱著「是金子就會發光」的想法，你有創意的話就大聲說出來，說不定馬上會被相中，從此「平步青雲」。

 # 怎樣獲得B型上級的青睞

在工作中，我們會遇到形形色色的上級，如果坐在對面辦公室的上級恰好是B型，你怎麼辦呢？別著急，下面是「對付」B型上級的一些技巧。

當你是O型下屬

O型人給人的感覺是個性直率、執行力強，但有時候說話和做事太直接的O型人會給人唐突的感覺，往往容易得罪人，所以在工作上處理人際關係要非常小心。O型人的工作能力往往比較突出，也是B型上級可信任的對象，但是O型人的嘴巴

與態度卻是 B 型上級的眼中刺，O 型人毫不婉轉的批評、不經意表現出來的輕蔑態度，都是 B 型上級恨不得將 O 型人趕出視野範圍之外的原因。所以，即使 O 型人有值得驕傲的實力，如果不會處理與 B 型上級的關係，那麼，誰也不敢保證他不會被 B 型上級「掃地出門」。

所以，O 型下屬為了不冒犯 B 型上級，避免使其產生不受尊重的心理，並認為你有越俎代庖之嫌，應該在和 B 型上級一開始接觸的時候，就極力避免我行我素、獨行俠的作風，努力遵從 B 型上級的意思。這樣的話，關係處理好了，工作自然就可以順利開展了。

當你是 A 型下屬

A 型人優點多多，對工作勤勤懇懇，甚至赴湯蹈火在所不辭。但是，有時候面對 B 型上級不太合理的命令，心裡難免也會有點怨言，不樂意去做。所以，給 A 型人一個小提示，那就是忠實地去履行職責，而且全力以赴去完成任務。不愉快就先放在心裡吧，誰讓他是 B 型上級，而你是 A 型下屬呢。

勤懇踏實的 A 型下屬在思維比較另類的 B 型上級那裡並不討巧，尤其在第一次見面時，B 型上級十分喜歡有個性的新人，他們的一個新奇的想法都會得到 B 型上級的稱讚，即使那個想法有點不切實際。B 型上級對任何事情都考慮周全的 A 型部下也許沒有什麼異議，可惜時間一久，就會對 A 型這種不痛不癢、沒有太大作為的行為感到厭倦，態度也會逐漸趨向冷淡。明白了這點，你大可不必怒不可遏，雖然你無過，但是你

的無功就是Ｂ型上級眼中最大的缺點。

所以，Ａ型的你即使對上級所交代的工作有疑問或者有不滿意的地方，最好能提出你獨特的想法，這樣才能換得他的刮目相看，否則千萬別和Ｂ型上級抗議。尤其特別要注意的一點是，在你情緒激動的時候，千萬不要對Ｂ型上級做人身攻擊，尤其忌諱「也沒見你的想法有多好」、「你怎麼樣」等語句，否則，只有「死路一條」，乖乖收拾包袱回家吧。

當你是Ｂ型下屬

如果你的上級是Ｂ型血，而你恰好是Ｂ型下屬，那麼，恭喜你，這種機會非常難得。你一定要珍惜這種難得的機會，好好在Ｂ型上級面前表現一把。

在四種血型中，Ｂ型上級對其他三種血型的下屬不會特別關注，而唯獨對同樣性格、脾氣的Ｂ型人最為賞析。所以，Ｂ型的你可以將你的能力在Ｂ型上級面前隨心所欲地表現出來，而不怕被批評或打擊。

當然，Ｂ型的你畢竟是下屬，所以在Ｂ型上級面前，還是要注意自己的態度，儘量表現出你的尊重與敬仰。雖然相同的血型讓你們之間很容易溝通，但上級的年齡往往比你大，為了避免產生不必要的誤解，在做事的時候，你應該謙虛和認真一些，有個下屬的樣子。同時，不能因為得到Ｂ型上級的賞析就洋洋得意，你還必須考慮周圍同事的感受，注意維持和他人和諧的關係。

當你是 AB 型下屬

　　AB 型的下屬有雙重性格，既有 A 型的謹慎、細緻，又有 B 型的果斷與愛幻想，所以，整體來看和 B 型上級相處得還不錯。但是，他們也會有彼此不滿的地方：在 AB 型下屬看來，B 型上級總顯得過於自由、自我、衝動、沒有耐心；而在 B 型上級的眼中，AB 型的下屬有時候冷靜得可怕，過於虛榮和驕傲。所以兩者之間都有彼此看不上眼的地方。

　　事實上，這些都是小問題，AB 型的下屬，如果你多關注 B 型上級的優點和長處，不那麼在意他的缺點，那麼，你會跟容易與 B 型上司溝通。尤其在工作的時候，如果你忽視上級的缺點，則自我發展、能力提升的空間將會變得更加寬廣。總之，B 型上級的職場閱歷比你要深刻，他們身上有很多你需要學習的地方。

　　當 AB 型下屬瞭解了 B 型上級的脾氣與心理，將自己的最大優點展現在上級面前，給予上級足夠的輔助，如此必能獲得上級的好感。

　　抓住一切機會，以禮貌而謙虛的態度和 B 型的上級溝通交流，那麼，你將會「前途無量」。

當遇見B型下屬，你怎麼辦

一天，你的部門來了一個B型血的下屬，怎麼辦？作為上司，你有責任因「血（型）」利導、知人善用，以最合適B型人的方式與他溝通，你將能最大限度地調動他工作的積極性，大大提高工作的效率。

如果你是O型上司

對O型上司來說，B型下屬給他的第一印象是活潑、開朗、有個性，但是O型上司對B型下屬往往缺乏細微的觀察，B型下屬喜怒哀樂等情緒，O型上司通常看不出來。其實，作為O型上司，要瞭解B型下屬特立獨行的性格，在工作的時候儘量親自或派人與他溝通，在適當的時候給予鼓勵，最好能將B型人的功勞表揚出來讓眾人知道，這樣一來，再有個性的B型的下屬也會被O型上司征服，工作起來更加賣力，努力地為上司效命。可是，如果O型上司不明白這些蘊含在血型中的奧妙，往往無法挖掘B型下屬的特長，白白浪費人才。

同時，對B型下屬來說，如果過於追求精神的自由，不顧及公司的規章制度和團隊合作精神，就會有可能觸犯O型上司，成為被嚴厲批評的對象，即使才華再多，也會來不及展現

而被「炒魷魚」。

如果你是A型上司

其實在嚴謹細緻的A型上司人的眼中，B型下屬特別容易被批評，B型下屬的散漫、不按規則辦事、難管理、有野心都是A型上司無法忍受的缺點。而對B型下屬來說，A型上司的條條框框又總是把他壓得喘不過氣來，覺得沒有自由發揮的空間，所以經常找藉口逃避一些事情。

明白這點，A型上司在任用B型人時，要想讓工作進行得更容易，最好的方法就是放下自己的條條框框，不要把交給他的工作壓得太死，適當放任，給B型人留一些活動的空間，尤其是太過瑣碎的事情就完全可以不插手。這樣一來，B型下屬在相對自由的空間裡，就能發揮出應有的才華達到A型上司所期望的效果。其實，B型下屬一向對自己的能力、言行和工作方法相當有自信，且對自己分內的工作相當有責任感。A型上司對待他們最好的法則就是「忍」和「放」，忍住一時的不滿，放開手讓他去做，這樣無論對彼此的關係還是工作來說都是最好的方法。

同時，對於B型下屬來說，在一絲不苟的A型上司面前，還是多多收斂吧，去掉吊兒郎當、浮躁的習氣，你才更容易獲得A型上司的青睞。

如果你是B型上司

因為同是B型人，所以上司和下屬具有很多類似的性格傾向，所以往往能一拍即合，形成相輔相成的力量，他們之間也能輕而易舉地維持和諧的關係。當然，其中的弊端也非常多：有創意但缺乏可操作性，團隊的凝聚力不夠，沒有規則的約束很容易走錯方向等等。這些都是因為B型人想做就做的個性使然，為了避免產生這種相反的效果，B型上司在任用B型下屬時，應特別注意這一點。

所以，作為B型上司，應該以B型下屬為鏡子，把握和下屬溝通的機會，針對彼此的缺點進行檢討。在督促下屬改正缺點的時候，也別忘了隨時修正自己，和B型下屬一起進步。

如果你是AB型上司

AB型上司在處理B型下屬的關係時，要講究技巧。

對於B型下屬不時冒出的創意點子，AB型上司要給予足夠的重視，如果不經思索將他們的勞動成果隨意「抹殺」的話，那麼同時也將B型下屬的「創意」和「激情」給「抹殺」了。AB型上司在給B型下屬交代工作的時候，應該全權委託，從計劃、履行到結果安排，這樣才能最大限度調動他的積極性，讓他們死心塌地、開心地工作。

其中，比較忌諱的是，AB型儘量不要對B型下屬頤指氣使，他們最不吃這一套。AB型上司在指派命令時，最好婉轉一點，多點鼓勵，這樣會比較有效果。

怎樣做，才能與B型同事「合作愉快」

我們與各式各樣的同事共事，而掌握與B型同事做事的奧祕，我們的工作一定會更加順利和愉快。

如果你是O型人

因為性格上的自我意識比較強、不太容易被他人的評價所影響，所以B型同事比O型同事缺乏全面的協調性，所以O型的你，大可不必拿這點為難B型同事。最好的方法是，在與B型同事合作時，不強調他去做需要太多合作交流的事情，而是在單獨的項目上給他足夠的發揮空間，你們在各自的優缺點上互相補充，這樣才容易取得成功。

在互相合作中，你不要太多干涉B型人的做事方式，如果能取得預期的效果，就隨他好了。

當然，如果因為一些基本問題而產生矛盾時，你也不要一味要B型同事認錯，你只需把事情的利害說明白，這樣無論對他還是對你都會比較容易接受。

如果你是A型人

在A型人眼中，B型同事的存在是不可忽視的，他在工作中確實能給A型同事很大的幫助。想讓A型的你和B型合作更加愉快嗎？訣竅是，共同參與一個專案時，盡可能將決定權交給他，讓他有比較受尊重的感覺，這樣他才會安心而且開心地和你一起工作。當然，這樣並非降低你的位置，你充分發揮你做事情的優勢，不斷出謀劃策，表現你的執行力。相信，你的井井有條、臨陣不亂一定能讓B型同事深深折服。

當然，不要和B型同事起衝突，更要避免演變成勢不兩立的情況，這樣B型會無所謂，但是根據性格你可能會非常難受。所以，與B型同事起爭執，對你一點好處都沒有。萬一你們真有意見相左的地方，那麼作為A型的你最好以靜守代替攻擊，這才是明智之舉。

如果你是B型人

B型的你，會和B型同事相處得非常愉快。如果他在某項工作上取得比較好的成績，那麼，千萬不要吝嗇你的讚語，你的一番美言，會讓他非常滿足，對你的好感倍增。如果你們被指派合作一個專案，那麼，你多點請教他的意見，而且儘量以直接坦誠的方式。若有大家需要商量的地方，你也儘量直率一些，這樣都是B型同事比較欣賞的風格。

這些方法，用在剛認識的B型人身上也很管用。只要B型同事將你視為趣味相投的合作夥伴，相信你們的工作一定能進

展順利。

如果你是 AB 型人

　　一般而言，對 AB 型的你來說，B 型同事是不可多得的好夥伴。在共事時，AB 型的你經常可以發現 B 型同事的優點，並懂得加以利用，以提升工作的效益。

　　當然，你們之間的矛盾也會比較多，學會如何消除你們之間的矛盾，成了你們共同工作時最重要的問題。和 B 型同事共事時，儘量不要帶著批評對方的心情，而且也不要不滿的心思表露在臉上。萬一有任何摩擦，造成雙方的不滿，一定要趕緊解決，否則小小的不滿累積成大問題，問題愈積愈大，很容易造成不可收拾的局面。

　　AB 型的你儘量多讓著 B 型同事，這是你和 B 型同事「合作愉快」的最大技巧。

如何應付 B 型血客戶

　　與客戶打交道是一門交往的藝術，我們不妨以血型為切入點，相信能給那些經常接觸到客戶的朋友們提供一些幫助。

如果你是O型業務員

O型人凡事十分冷靜且重理論，但B型客戶比較自我而且喜歡跟著感覺走，兩者的思維方式似乎完全不一樣，讓人不禁懷疑這兩種人會不會像兩條平行線，永遠沒有交匯的那一天。事實上，這只是表像，兩者中間存在許多相似的特質，可幫助他們建立相當不錯的關係。

O型人很容易表現出給人值得信賴的樣子，B型人同樣拒絕不了別人的真誠。所以O型人在與B型客戶溝通時，儘量表現出你的真心真意，在這種真誠的推動之下，O型人很容易獲得B型客戶的信任。

在交流的過程中，O型人一定要懂得尊重B型客戶，時刻站在對方的立場，這樣才更有說服力，增加對方相信O型人產品的信心。

如果你是A型業務員

B型客戶給A型人的第一印象是親切、爽朗和健談，所以，在第一次見到B型人時，A型人往往會竊喜，以為面前的客戶很容易對付。事實上，B型客戶是屬於「堡壘」型的，往往久攻不破。

在A型人深入介紹產品時，B型客戶往往會心不在焉，顧左右而言他，讓人很疑惑他到底對產品感不感興趣。這時，A型的你千萬不要著急，仍要保持你的禮貌與風度，不要太早對事情感到灰心喪氣。這裡有一個訣竅，B型客戶比較感性，喜

歡憑感覺做事，你要想盡辦法找出產品裡能打動他的地方，滿足他當前需求的，讓他覺得買下這個東西好處多多。同時，你要不惜你的讚美，誇他的品味、眼光和時尚等等，一定可以打動他。

如果你是 B 型業務員

當你是 B 型血時，遇到 B 型血客戶是比較幸運的事情。相同的性格脾氣基本能讓你們在第一次見面時「一見如故」。你們有很多共同的話題，並常常能引起共鳴。你們在經過幾次溝通後，常常能在小範圍達成一致，合約的簽訂也會順利地進行。當然，這只限於一些比較小額的交易，想取得巨額的重大的合約的簽訂則需要花費一定的時間。所以，同作為 B 型血的你，要認真分析他舉棋不定的地方，並針對這些問題主動給他答疑。

學會主動、耐心地追蹤客戶，是贏得客戶的一個重要技巧，對付 B 型客戶尤其需要掌握心理戰，B 型業務員應該特別留意這一點，將眼光放遠，有助於長久關係的建立。

如果你是 AB 型業務員

AB 型業務員和 B 型客戶的交談總能在愉快和睦的氣氛中進行。B 型客戶也總會在開始時表達對 AB 型業務員的贊同，因為 AB 型人在對產品的解說方面幾乎無懈可擊。

但是，B 型客戶又會在冷靜下來後，從 AB 型業務員完美的陳述中找出破綻，因此 B 型客戶懷疑的態度總會在後期表現

出來。所以針對這些情況，當 B 型客戶提出疑點時，AB 型業務員必須提前準備充足的理由給予一一化解，為疑點找出一個合理的解釋。當 AB 型業務員再次能讓 B 型客戶滿意時，這筆生意幾乎就能做成了。

　　所以，在說服 B 型客戶時，AB 型業務員一定要對自己的產品有足夠的認識，無論優缺點都能自圓其說。

Part

3

B型社交達人的實戰技巧

B型人給人的第一印象

　　活潑、開朗、隨和、正直、熱情、會說話、反應敏捷、善於交際、有很強的親和力和社交能力——這往往是B型人給他人的第一印象。他們性格豪爽，講起話來滔滔不絕、表情豐富，話語中帶有很豐富的感情，經常能打動他人。在與人交往時毫無戒心，無論年齡老幼、富貴貧賤、地位高下都可以成為他的朋友。B型人經常能在與他人交往中展示自己的能力和才華，表現出眾，加上本來為人熱忱，所以比較容易獲得較好的人際關係與社會地位。

　　B型人有很高的社交天分，看上去很好相處，但事實上，B型人不太理會別人的看法，對人際關係的經營興趣不大，尤其不喜歡出現在陌生人面前，只願和相互瞭解的人真誠交往。在社交上有反覆無常的傾向，所以人際關係也容易走極端，要麼人氣極旺，要麼被一部分所不歡迎。但是，因為本性樂觀活潑，所以給人的第一印象還是不錯的。下面仔細分析B型人在社交方面的幾個特點。

　　會說話。不喜歡太理性地分析問題，所以經常憑著自己的喜好來評論事情。不管別人正在談論什麼，都可以輕而易舉地插進話。B型人說話雖然生動有趣，但有時候說服力不強。在

快要冷場的時候，總能找到恰當的時機挽救糟糕的氣氛，並表現自己，但有時候誇大其詞。在人際關係中遊刃有餘、善於察言觀色，即使突然改變自己對某件事的立場，也可應對自如。

幽默。B型人的幽默方式比較誇張，而且不分國界、民族與性別，而且幽默的內容大都是不可能發生地事情。不過他們的幽默是為了營造快樂的氣氛，並無惡意。如果B型人的誇大式幽默運用得當，能起到很好的作用；如果不得當，則會畫蛇添足，讓人莫名其妙。

我行我素。B型人處世不夠慎重，當遇到自己不開心的事情時，態度會忽然由熱情轉為冷淡，這種不夠成熟的處世方式，經常會遭到惹得別人的批評。但很多時候，還是以內心的喜惡為重，不管別人的看法。

仿效他人。B型人引用別人的話時，很會模仿別人的語調，具有善於客觀描述和模仿的才能。在無聊的時候，會突然模仿某個人，做出令人驚訝的行為來，這也是他們的言談妙趣橫生的原因。有時候會厭惡自己的血型，感到無形的自卑感，於是在言行中故意仿效其他血型人的行為，試圖混淆視聽。

那麼，B型人給其他血型的最初印象又是怎樣的呢？

B型人善於辭令，話題廣，而A型是一個忠誠的聆聽者，所以他們會成為談話上的朋友。不過雙方可能偶有小摩擦，使大家不愉快，兩人如不及時化解，關係有可能跌倒冰點。

B型人和B型人見面總有一見如故、相見恨晚之感，無論什麼話題都可以談得很愉快，兩人在一起的時候，可以很吵鬧。雙方矛盾比較少，如能一直保持聯繫，可互相幫助，成為

一輩子的好朋友。

B型人覺得AB型很可愛。但一旦AB型表現出執拗的一面的話，往往會令B型人失望。所以很多時候，AB型人的態度和表現，決定了雙方的關係。

O型是典型的理論派，而B型是靠直覺行動的非理論派。有時候，O型人的言論常能成為B型人行動的指導，造成一種互補。但雙方有時候難免發生爭辯，容易各持己見，爭執不下。一旦雙方就某個問題達成一致意見，感情會得到進一步的推進。

B型人說話方式與待人之道

B型人說話時很有趣，手舞足蹈、聲情並茂，而且他們話語幽默詼諧，經常能引得周圍的人群笑聲不斷。B型人基本沒法安安靜靜坐在同一個地方，喜歡到處走動，如在辦公室裡到處打招呼，經常和誰都混一個臉熟。

B型人說話有一個缺點是缺乏條理性，話題豐富、海闊天空、隨心所欲，有時會讓周圍的人無法跟他對話。當然，閒談時能讓人輕鬆，但是如果是工作會議發言則會讓人很頭疼。

B型人自己講話時不顧慮對方，視線到處移動，隨時落在

另一個人身上。但是,當他們聽對方的話聽得入神時,則會習慣性地目不轉睛地注視著對方。

B型人說話時堅持自己的立場,對對方的主張不輕易贊同,有時候明明已經有九分贊同了,但為了自己的立場硬是堅持反對的意見。所以,想贏得他們的稱讚並不是一件容易的事。

B型人警惕性不強,往往輕信別人。這是對他們處世不利的一面。另外,B型人有時候講話不注意分寸,沒做到內外有別,有時候容易得罪人。

B型人頭腦中的幾乎沒有等級觀念,無論對誰都以朋友的態度相待,所以人緣不錯,但是難以受到下級的尊敬和上級的器重。

他們不拘小節,心直口快,不習慣於繁文縟節,也不擅長禮尚往來。所以在一些紅白喜事場合,B型人表現得最為拘束。

B型人不計較小事,雖欠浪漫情懷,但心地善良,富有人情味。有些B型人常以行動表示自己對他人的同情和理解,有時候他們的助人為樂幾乎到了過分的程度。不過他們的牛脾氣一直讓人沒辦法:你說往東走,他偏偏往西走;不管別人的意見正確與否,先來一頓批評,但說的卻是無關緊要的東西。

B型人愛與他人相處,但是他們卻一般不願積極配合他人,常常喜歡自行其道。但是,有時候萬一被團隊拋棄,心裡也會特別著急。據調查表明,雖然有時候B型人不願意稱讚別人,但是內心卻渴望得到別人的肯定。

B型人雖然有時候很容易對話，但是涉及到立場時愛堅持己見，表現出頑固的一面。如果碰上這種情況，最好不要和他們進行正面的爭論，因為他們的觀點是很難改變的。這時，與其與他們爭論不休，還不如繞開、迴避為好。

B型人如何與其他血型相處

　　在日常生活中，B型人又如何與其他血型的人相處呢，掌握下面的技巧，相信你可以在與人交往的過程中如魚得水。

當對方是O型人

　　O型人理性，但是B型人卻不同，比較感性。所以在最初接觸的時候，B型人和O型人有點水火不容，彼此互不欣賞。但是，相處時間一長，他們就會從對方身上發現不少相似之處，假如一方能表現出友好，那麼彼此的關係能迅速建立起來。

　　在B型人與O型人最初相處時，往往是B型人的交往意願比較強烈。但是，一旦正式建立交往關係後，B型人就沒有O型人積極了，主動權就偏向O型人一方。B型人有時候會比較極端，白的就是白的，黑的就是黑的，這些思維方式經常讓O型人迷惑不解。當然，B型人有時候會言行不一，態度多變，經常不守約定，這也是O型人對B型人比較不能理解的地方。但是，O型人對B型人總是真心誠意、尊重有加，對待B型人的缺點也總能抱著平常心。所以，一旦O型人與B型人有矛盾，一般是B型人引起的，因為B型人似乎經常對O型人感到

不滿，於是兩人便會發生爭吵，而引爆者幾乎都是Ｂ型人。

但是，由於在性格上具有互補性，一旦Ｏ型人與Ｂ型人能愉快合作，那麼Ｏ型人勢必是Ｂ型人的左臂右膀。

當對方是Ａ型人

在第一接觸時，Ｂ型人留給Ａ型人的印象是不錯的，風趣、有才、魅力十足。但是，隨著彼此瞭解越來越深入，Ａ型人會發現Ｂ型人不少不好的品性，比如衝動、馬虎、任性、無條理，這些在認真細緻的Ａ型人看來都是不可忍受的。於是，比較敏感的Ａ型人會感到不安，甚至產生厭惡的情緒。當無法忍受時，Ａ型人會直接告訴Ｂ型人，而不拘小節的Ｂ型人覺得Ａ型人太關注細節，於是，兩人的分歧會逐步擴大，最後造成矛盾。

所以，Ｂ型人在與Ａ型人相處時，一定要注意收斂自己過於隨行的特點，考慮一下Ａ型人的建議，儘量縮小兩人的分歧。因為Ａ型的很多優點恰恰是Ｂ型人所缺乏的，所以，Ｂ型人如果懂得征服Ａ型人，那麼無論對事業還是人生都會大有裨益。

當對方是Ｂ型人

前面說的Ｂ型人與Ｏ型人、Ａ型人的分歧，在兩個Ｂ型人之間是完全不存在的。當Ｂ型人遇上Ｂ型人，就好像兩個老友久別重逢，即使是第一次見面，也能放開胸襟、無話不說。當然，這是因為Ｂ型人之間的脾氣、性格都大致相同，能形成一

定的默契。

B型人與B型人很容易在第一時間成為好朋友,並在分別時互留聯繫方式。當然,彼此走得太近並非好事,因為即使同是B型人,在性格習慣、為人處世方面還是會存在一定得差別,所以,B型人在交友時注意保持適當的距離。

在工作上遇到B型同事時,他絕對能成為你的好夥伴,一起參與專案時,一般會合作得比較愉快。

當對方是AB型人

除了B型血之外的其他血型中,要問哪種血型最能瞭解B型人,那就要算是AB型人。當O型人或A型人對B型所作所為大為不解時,AB型會給B型人一個會心的微笑,並盡力支持B型人的做法,當然,前提是B型人做的事是合理的。

B型人和AB型人的關係可以走得很近,但是,往往是AB型人會做出拒絕的態度,因為AB型人對個人的精神空間比較看重,而且考慮的事情比較深入,不願意為沒有太大效果的事情付出太多的時間。

所以,在與B型人相處時,AB型人會採取大而化之的態度。昨天兩人還稱兄道弟,今天可能對B型就像客人一樣客氣了。

在AB型人面前,B型人沒必要掏心掏肺,要時刻記住對方的個性和自己並不一樣,所以守住一個基本尺度,才能和AB型的人和好相處。

B型人和其他血型的
朋友關係怎樣

生活中，B型人一定會有各種血型的朋友，那麼，你們之間的關係如何呢？

當你朋友是O型人

對B型人來說，有O型朋友在，做事情時完全不用花費心思，因為O型朋友有主見，事情處理得非常好，執行能力非常強。O型朋友還有一顆大海般的包容心，能包容B型人的隨意與任性。

雖然O型有時候會像媽媽一樣說教，但他從不會對你的細微之處進行指責或糾正，有時候難得的幽默還會讓B型人非常開心。整體來說，B型人和O型朋友能相處得非常好。但是，B型人要注意的是，在O型朋友面前切忌得意忘形，不要觸犯他的信條和原則。

當你朋友是A型

A型人給B型人的印象不太好，因為性格愛好相差太大

了。在B型人眼中，A型朋友太沒有主見，過分低調，不敢玩刺激新奇的東西。如果去遊樂場或者酒吧，B型人絕對不願意帶A型朋友，因為他們玩不開、鬧不起來，擔心這擔心那，比較無趣。

不過，A型朋友絕對是B型人生活上或工作上的好幫手，他們能幫你指定一些周詳的計劃，比如出遊，B型人大可把隨身攜帶物品的清單交給他們去處理，絕對不會出現差錯。而且，談心聊天，A型朋友也是不錯的選擇，他們能給你春風般的溫暖。

當你朋友是B型

相同血型的B型當然是B型人的「好哥們」，和他們在一起，你們「臭味相投」，可以玩得很盡興。就算平常做個小決定，都能取得難得的一致，這樣感覺好極了。他們身上也有幽默因數，所以你們在一起經常笑聲不斷。

當然，有時候B型朋友也很隨性、直率，但是你們非常默契，能互相諒解和寬容。B型朋友是你的動力來源。所以在生活中，多結交O型朋友，他們無論在日常生活還是工作上都能給你一定得幫助，而且，他們有可能成為你永遠的朋友。

當你朋友是AB型

AB型學識淵博，做人做事客觀冷靜，所以，當B型朋友遇到難題或心情不好時，找AB型朋友絕對沒錯。他們能給你一些不錯的建議，而且他們的話會使你冷靜下來、重獲自尊、

受益匪淺。不過，雖然 AB 型朋友為人看起來隨和，但是他們要保持一定得私人空間，所以，你不要過多干涉他們的私人生活，不要問太隱私的問題。你們最好保持「君子之交淡如水」，這就已經很好了。

如何與B型異性相處

心理學上分析說，在各種血型中，B 型男性最有男人味，B 型女性最具有女人味。所以，與 B 型異性相處，有很大的學問，如果你還不知道，那麼趕緊來看看吧。

如果你是O型人

O 型和 B 型異性能形成一份堅定的友誼，儘管雙方時有矛盾，但是隨著矛盾的解決，你們的友誼將會更加深入，最後變成很好的朋友。

如果你是 O 型男性，面對 B 型女性：你們或許都有任性的時候，但如果你們願意為共同的目標而努力，那麼即使有矛盾，也勢必能先在精神上取得彼此諒解，這樣，你們的友情將會一帆風順。不過你應該注意的是，千萬不要犧牲 B 型女性的利益來達成你的目的，這樣，你就犯了她的大忌，朋友也沒得做了。

如果你是O型女性，面對B型男性：當然，你對他要以常禮相待，不可拿他的性格、觀點開玩笑。在和他交談時，要對他公平些，不要以不尊重或輕視的眼光對待他，否則，你換來的也是他的不屑與不尊重。你們態度和立場一致，才能讓友情之樹常青。

如果你是A型人

如果你是A型男性，面對B型女性：在相處上，最好不要要求對方付出太多。因為經過心理學分析，A型男性是所有血性中男性化程度最低的，所以你和B型女性的在思考、做事的方式上也許有些差別。

作為朋友，你們的性情可以形成某種程度上的互補，友誼會比較長久，但是如果你想跟B型女性有更進一步的發展，那麼比較苦難，得花一段相當長的時間才會收到成效。

如果你是A型女性，面對B型男性：A型女性比較女性化，遇到比較男性化的他，那麼大可享受他的呵護與寬容。無論是不是情侶關係，你們的關係都應該會相處得比較好。

如果你是B型人

相同性情的B型人，無論是同性還是異性都會相處得非常愉快。不過，對待異性，尤其是B型女性對B型男性會有一種「潔癖感」，對他們的要求和條件會更高一些。比如用餐時的禮節，雖然自己不太注意，但是對他卻有高要求。如果他做出了什麼令你不滿的事情，你也會因此情緒產生大波動。

如果你是 AB 型人

　　如果你是 AB 型男性，面對 B 型女性：你應避免在 B 型女性面前說其他朋友的壞話。

　　B 型女性精神上有一定程度的「潔癖」，因此不希望看到不好事物出現。若你為自己的私利，做出狡猾的行為，在她面前又佯裝什麼都沒發生，那麼一旦她發現真相，她對你就完全沒有好感可言了。所以，在 B 型女性面前，注意自己的言辭，表現最坦誠的自己。

　　如果你是 AB 型女性，面對 B 型男性：你要注意的是，不要批評 B 型男性這不是那不是的，前幾次他或許會自我反省，但是次數太多他就會覺得很煩，對你非常敏感了，而且不喜歡和你交流了。所以，為了你們的友情，最好對他的不足之處點到為止，切不可為了顯示的自己優勢而貶低他。

B型人健康大揭祕

B型人有著怎樣的體質特徵

　　從人類歷史的發展進程來看，B型人是繼O型人、A型人後出現的血型，是在O型森林狩獵者和A型山地拓荒者的基礎上形成的草原畜牧者。

　　B型人首先來自印度，是高加索人與蒙古人的混血。因此B型人既能接受O型狩獵者的高蛋白食物形式，也能很好地吸收A型拓荒者的素食風格，即同時具有O型人和A型人的體質特徵，擁有平衡營養的能力，是一種比較完美的血型。

　　在A、B、O血型系統中，B型血是與A型血相對抗的血型，有專門對抗A型血的因數，因此無論在性格、為人處世，還是在體質方面，都表現出與A型血截然不同的特徵。

　　在A、B、O血型系統建立後，研究者發現，不同的血型在體質特徵上的表現是不同的。對B型血來說，紅細胞上的B型抗原和血清中的抗A抗體能夠很好地結合，形成非常完整的免疫系統。所以可以這樣說，B型血是在四種血型中免疫力最強、最健康的血型。

　　B型血的強健的免疫系統，使B型人體內較容易取得平衡，能夠快速地保護人體不受各種疾病和病毒的侵襲。

　　陽光、健康的B型人，很受現代人的歡迎。B型體質通常

能夠抵抗現代生活中許多嚴重的疾病，比如心臟病和癌症。而且，尤其值得一提的是，即使 B 血型的人得了這些嚴重的疾病，他們也是生存機率最高的人。

在所有血型中，B 型抗癌能力最強，很少患乙型肝炎，但是易患結核病和齲齒，較易患乳腺癌、白血病和口腔癌等疾病。

在飲食方面，B 型人可以說是上天最恩寵的一類血型，無論是動物類還是植物類，幾乎什麼東西都能吃。所以，他們的適應能力特別強。

在消化系統方面，由於 B 型人的新陳代謝速度比較快、效率高，所以 B 型人不僅能夠很好的吸收各種有益的營養物質，而且是四種血型中惟一能夠盡情享用乳製品的人。所以，B 型血也有「完美血型」之稱，是最讓其他三種血型的人嫉妒的對象。

雖然天生體質良好，但是由於 B 型人的漫不經心與我行我素，對身體健康狀況關注不多，他們會根據喜好暴飲暴食，加上對疾病無關緊要的態度和懶散成習的惰性，所以也比較容易患上糖尿病。

克制口腹之欲，多點關注身體狀況，並加上持之以恆的運動，這是 B 型人保持身體健康的重要原則。

B型人如何減輕壓力

B血型人的承壓能力 血型與承壓能力之間沒有直接的關係。但是不同的血型卻因體內所含腎上腺的不同,對壓力表現出不同的反應。

從醫學角度講,一個人承受壓力的能力大小,與體內腎上腺激素的分泌有直接的聯繫。當壓力來臨時,腎上腺激素會對大腦神經和肌體組織產生刺激,進而使人產生擔心、煩躁、憤怒等心理現象,繼而出現神經緊張、食欲不振、抵抗力下降等生理現象。因此,腎上腺激素分泌的多少,以及對機體神經的刺激順序,直接關係到每個人承壓時的表現。

例如A型人遭遇壓力時,通常是腎上腺激素先刺激他們的大腦神經,因此,A型人容易在心理上做出反應。與A型人不同的是,B型人在面對壓力時,他們會在心理和生理兩方面同時對壓力做出反應。

B型人體中的腎上腺皮質素含量比較適中,而且其分泌能夠被有效控制,所以,當遭遇壓力時,B血型人的腎上腺激素會同時對他們的大腦神經和肌體組織產生刺激,進而使他們在心理和生理兩方面產生反應。面對壓力,B型人會有煩躁、多動的反應。不過,與O型人和A型人相比,B型人的反應時最

不激烈的。所以，從這個層面上講，B型人對壓力具有很強的承受能力和抵抗能力。

B型人的睡眠狀況也許能為這個結論提供一些證據。我們知道，壓力承受能力差的人經常會「日有所思，夜有所夢」，睡得不安穩甚至失眠。但是，B型人的睡眠狀況在四種血型中，幾乎是最好的。B型人是「處處能睡」型，無論白天裡有什麼難以解決的事，只要晚上睡覺時間一到，他們就會放下一切呼呼大睡，而且不論身在何處，都能睡得很安穩。

當然，壓力承受能力並不是單單由血型決定的，除了血型，還受到出生環境、家庭背景、成長條件等因素的影響。但是，由於性格上的樂觀開朗，大部分B血人面對壓力時，都能迅速調整心態，透過相應方法幫助自己減輕壓力。當然，不同的B型人所表現出來的壓力承受能力是不一樣的。

B型人不喜歡太壓抑受束縛的工作，如果持續在這樣學習、工作狀態中持續下去的話，他們會產生心情苦悶、思想疲勞、精神不振等症狀。那麼，天性樂觀的B型人最好以什麼樣的方式來「解壓」呢？

首先，運動是B型人解壓最有效的方法。不過，過於劇烈的運動和過於緩慢的運動對他們來說都不是很管用，B型人最好選擇中等強度的運動，比如在平地散步、慢跑、騎腳踏車、上下樓梯、打羽毛球、划船等等，這些運動都可以有效地幫助B型人消除心裡的壓抑，讓精神、情緒恢復到平衡的狀態。當然，到大自然走走，郊遊、釣魚，或者栽培植物、飼養動物等等，這些也是不錯的選擇。

其次，可以透過飲食來減輕壓力。例如感到疲勞時，可以多吃一些動物蛋白質，如雞蛋、瘦肉、海鮮等，這對消除疲勞有很大的好處。另外，還可以適當地多吃一些乳製品，特別是優酪乳。

再次，保持規律的生活習慣。因為人體的各種生理機能都是按照人體生物鐘的節奏運轉的，而人體中腎上腺皮質素含量的高低也是按照生物鐘的節奏進行調節的。規律的生物鐘，不但可以使B型人各種生理系統的功能更強健，而且還會增強其對壓力的抵抗力。否則，一旦了破壞生物鐘的節奏，那麼，他們本來很適中的腎上腺皮質素的含量就會變得很高，進而降低承壓能力。

四象星座中的B型人 如何管理健康

即使有著其他血型所沒有的強健的自身免疫力和抵抗力，有著值得驕傲的消化系統，也有著樂觀的天性和自我調節能力，但是，身體再好的B型人，由於不喜歡運動、不關注自己的身體狀況，身體也會出現這樣那樣的健康問題。

在傳統星座術中，12星座又被分成水、火、土、風四象星

座，下面，我們來看看在四象星座中的B型人是如何管理自己的健康的。

　　B型人中的火象星座：包括B型白羊座、獅子座和射手座。這三個星座中的B型人通常精力充沛、活動比較多、忙得團團轉，所以他們對個人的事情比較粗心，常常忽略自己的健康狀況。所以，這三個星座裡的B型人平時要多注意日常飲食習慣，要有良好的營養搭配意識，不要為了貪圖方便而吃太多的外賣、泡麵或者垃圾食品。同時，也要多注意個人的衛生習慣，防止細菌病毒的入侵。與此同時，火象星座的B型人有健忘的特點，所以在日常生活多做提高記憶和集中注意力的訓練。

　　B型人中的水象星座：包括巨蟹座、天蠍座和雙魚座。這三個星座中的B型人比較感性，容易敏感、情緒波動，所以壓力經常比較大，睡眠品質沒有其他星座的B型人好。而且，讓他們不瞭解的是，他們「心不寬」卻「體很胖」，身體像發福一樣，總是胖嘟嘟的。因此，給水象星座的B型人的建議是，可以多做一些中等強度的運動，多消耗體內累積的熱量；如果沒有時間做運動，那麼可以在上下課或上下班時間休息的時候，在屋子、走廊到處走走，伸伸懶腰、舒緩肢體，盡可能減輕浮躁、疲憊的感覺。

　　B型人中的土象星座：包括金牛座、處女座和摩羯座。這三個星座中的B型人身體的抵抗力一般比較強，耐力也比較好、擔心的事情非常少、睡眠品質很好，身體一般不會有什麼大病。不過，困擾他們的問題和上面其他星座的B型人一樣，就是容易發胖。所以，給土象星座B型人的建議是，注意在飲

食上有所節制，講究營養均衡。而且，最好能加上適當的中等強度運動。這樣「雙管齊下」，才能保證身體的健康與苗條。

B型人中的風象星座：包括雙子座、天秤座和水瓶座。這三個星座中的B型人心態開朗，而且相對比較理性，他們比其他星座的B型人喜歡學習，對健康知識也有所關注，所以，他們的健康狀況一般比較好。不過，他們還是避免不了三天打魚兩天曬網的缺點，對健康知識的涉獵與身體的保健運動也總是半途而廢。而且，他們喜歡熱鬧，又比較貪玩，生活節奏比較不規律。所以，給風象星座的B型人的建議是，克服自己的缺點，嘗試堅持到底，多約束自己的行為，這樣才能保證你的身體不跟你鬧彆扭。

B型血的瘦身策略

在四種血型中，B型人體質算是比較容易胖的，在各種肥胖的原因中，出現在B型人身上的主要有以下兩方面：

喜歡美食，經常呼朋引伴聚餐歡慶，因此導致營養剩。加上經常熬夜工作、作息不規律，導致飲食時間不正常。

過量攝入雞肉、麵條、番薯、蕎麥、花生、胡麻以及小麥等食物，這些食物含有凝結B型血液的血凝素，使B型人消化

不良，阻礙其新陳代謝，導致營養過剩，以脂肪的形式儲存起來。所以，減肥，便成了B型人日常生活中的一件大事。

從理論上來說，B型人的瘦身之旅應該要比A型人的容易，因為他們身體的調節能力比較強，不像A型人那樣有胃酸含量偏低的消化系統問題，而且對各種食物的消化能力也比較強。但是，B型人的減肥過程總是比較「慘烈」的，往往是「雷聲大、雨點小」。因為B型人社交能力強，經常要應酬，難免吃得太飽；在他們的減肥口號喊響以後，行事的熱度常常只有三分鐘；B型人愛憑自己的感覺做事，當發現減肥的過程太辛苦便會中途而廢。

鑑於B型人的性格特徵、興趣愛好，有關專家專門給B型人量身打造了一個瘦身策略，做到以下幾點，B型人擁有一個美麗、健康的身材並不是可望不可即的事情了。

要讓熱愛社交的B型人在家閉門修煉時幾乎不可能成為現實的事情，所以B型人在聚餐的時候一定要時刻提醒自己：少吃東西、多交流，並且經常量血壓。

減慢進食速度。在進食過程中，仔細咀嚼食物，會使得碳水化合物分解成為葡萄糖，葡萄糖吸收進入人體後，體內的血糖水準就會升高，當血糖升高到一定水準時，大腦的食物中樞會發出停止進食的信號，進而達到瘦身的目的。

把進食時間提早。早飯安排在6點鐘以前，午飯安排在10點鐘左右，即可收到良好的減肥效果。

乳製品可以多吃。與其他血型減肥要避開乳製品不同，B型人可以多吃乳製品，食用適量的乳製品對B型人保持新陳代

謝的平衡有一定的幫助。吃飯時保持輕鬆愉快的心情。儘量每天在就餐環境舒適、食物味道好、有親朋知己、有充足時間的條件下,輕鬆愉快地吃飯,這樣有助於經由消除「腦疲勞」而減肥。

選擇自己喜歡的減肥方式。B型是享樂主義者,不喜歡單調的減肥方式,所以最好選擇帶點遊戲氣氛的減肥方法,例如,網球、拉丁舞、健身操、等。B型只有把運動堅持下去,才能讓「減肥大業」或是有氧運動。

忌諱食用:番薯、蕎麥、花生、胡麻、小麥、玉米、玉米餡餅、扁豆、花生、芝麻、麵包、餅乾等。

少量食用:雞肉、肥豬肉、火腿;龍蝦、章魚、蝦;乳酪、霜淇淋;蔬菜油;各類堅果、黃瓜;非稻穀類麵包;玉米、蘿蔔、椰子。

建議食用:沙丁魚、乳酪、優酪乳、菠菜、茄子、蘿蔔、蘋果、香蕉等食物。

可減肥的食物:綠葉蔬菜、雞蛋、乳酪、優酪乳。

B型人易患疾病及防治方法

我們知道,血型是人體最穩定的遺傳性狀之一,而且由於

人體免疫也受遺傳因素的影響，所以，一個人是否患病，患什麼樣的疾病與血型有著千絲萬縷的關聯。對B型人來說，因為擁有一套強健的免疫系統，所以他們似乎比別的血型多了份防護，但是，在疾病的易患系統上，B血型的人卻比A血型的人要多的多。

細菌好像特別喜歡B型人，所以B型人是四種血型中最容易受到細菌感染的。在流行性感冒發生的季節，最容易患上感冒。B型人由於自身某些免疫系統功能失調，有時候會引發一些很難治癒的疾病，給他們帶來巨大的折磨和痛苦。如風濕性關節炎和一些癌症，就是常見的典型自身免疫系統性疾病，而且女性得這類疾病的危險性比男性要大。

在四種血型中，除了流行性感冒，B型人也容易患上齲齒、結核病、細菌性痢疾、口腔癌、食道癌、肺癌、乳腺癌和白血病等疾病。下面針對B型易患疾病提出一些防治方法。

流行性感冒。流行性感冒是B型人最容易招惹的病毒，因為流感病毒的某些抗原物質對B型人的B抗原及抗A抗體有很大的親和力。在流行性感冒發生的季節，B血型的人要特別注意做好預防措施，遠離人群聚集的地方，注意個人衛生，減少被感染的機會；平時透過運動增強體質，提高抵抗力；主動接受流感疫苗注射或噴霧接種；在飲食方面，在保證營養充足的前提下，適宜清淡少油膩，平時多喝水。

痢疾和腹瀉：B型人易患痢疾和腹瀉，這是由細菌感染引起的，飲食不當是導致B型人患痢疾和腹瀉的最主要的原因，尤其在夏秋季節要特別注意。B型人平日要注意個人衛生、遠

離人群，減少被感染的機會。尤其不要生食食物，而且生食熟食要分開存放，避免交叉感染。尤其要注意的是，如果一旦出現脫水的症狀，要注意多喝鹽水、糖水、蔬菜汁和果汁，以保持體力。

慢性疲勞綜合症：B型人如果長期處在高壓力或者不愉快的環境中，就會產生慢性疲勞綜合症。另外，如果缺少某些營養物質如維生素B、維生素C、鎂元素和鋅元素等，也會產生這種疾病症狀。這時，B型人要盡快想辦法減輕壓力並調整自己的心理狀態，這是預防慢性疲勞綜合症最有效的方法。同時，也要適當補充各種所需的營養物質，不過，一定要在醫生的指導下進行。

食道癌：從理論上來說，B型人的抵抗力比較強，似乎不會患上消化道癌。但恰恰相反，食道癌卻是B型人最易患的癌症疾病。專家經過研究認為，B型血中的一些基因可能與腫瘤有密切關係，而這種癌變與可能與遺傳和分子學機制無關，而與B型人的性格特徵、飲食習慣等原因有關。要預防食道癌的發生，B型人需要改變不良的飲食習慣，少吃或不吃燻烤、醃漬的食物，不喝受過污染的水，從食物來源上杜絕疾病的發生。

只要B血型的人堅持合理的飲食，並完全配合醫生的治療，即使是罹患癌症這樣嚴重的疾病，也是最容易存活下來的那一個。所以，不管有沒有患病，B型人都要格外注意平日飲食和保健，對自己的生命與健康負責。

Part

5

B型人日常生活小提示

B型人對待愛情的態度
是怎樣的

　　在四種血型中，B型人對男女之別的意識很差，無論是對愛情，還是友情，在開始的時候沒有想過刻意去追求，一般任其自然發展。

　　B型人對追求的對象要求比較高，比較欣賞的類型是身材容貌出類拔萃、有一定的財富和社會地位、穿著端莊有品味、言談舉止得當、樂觀開朗、熱情大方等。戀愛對象比較容易在朋友之間發展，具體來說，要想打動或吸引B型人，彼此之間需要互相瞭解一段時間。

　　B型人在愛情上是屬於慢熱型的，但一旦熱起來，就會對對方非常熱情。當B型人確定心儀的對象後，他/她總是希望與對方有更親近、更頻繁、更長久的接觸，隨著這種渴望的增長，對方就會逐漸佔據B型人的心。平日看起來比較懶散的他們也會突然向對方獻起殷勤來，假如對方一時沒有領悟，他們就會坐立不安，煩躁異常，然後會丟開手中的一切去追求對方。

　　用一個詞來形容B型人一點也不過分，那就是——山火，一旦燃燒起來，火勢就會很猛，向四周蔓延，不但會攪亂本人的生活，甚至還要牽累周圍的人。為了打動對方，B型人會把

自己全盤端出去，把自己的一切展現到對方眼前，儘量讓對方
瞭解自己。但是，他們並沒有想過去要去深入瞭解對方，所以
戀愛對象有時候覺得B型人的行為有點不可思議。

　　遺憾的是，B型人的過分熱情往往會把對方嚇跑，這種急
迫的戀愛方式成功率往往不高，被拋棄的人往往是B型人。

　　失戀後，B型人在開始時對對方還有些戀戀不捨，並想辦
法盡全力挽救這段戀情。在一段時間內，這段失敗的愛情對他
們還是造成一定程度的影響。但是，時間不久，當事過境遷或
者B型人的興趣有所轉移後，失戀對B型人造成的傷痛也會隨
之消失。

　　B型人對性的態度很開放，認為性就是性，愛情就是愛
情，能自如地將性與愛情分開。他們可以與不相愛的人發生性
關係，而與相愛的人單純地談戀愛。

四象星座中B型人的愛情
有什麼特點

B型血的火象星座：

　　包括B型人中的白羊座、獅子座和射手座。火象星座的B

型人對愛的態度是感性和隨性的，閃電式的戀情通常發生在這三個星座的B型人身上。他們對待愛情的態度是，感覺對了就愛了，並會不顧一切的投入進去。他們對待愛情是專注的，完全不會考慮任何世俗的眼光，年齡、背景、地位等差距不會影響他們對愛情的追求。一般來說，被他們追求的對象一般很難逃脫他們故意營造出來的浪漫感性的氛圍中，半夜裡到對方陽台下唱情歌、大搖大擺跑到對方的辦公室裡送花——這些都是火象星座男生會做的事。

如果追求遭到拒絕，火象星座的B型人會一直堅持很長一段時間，有種不屈不撓的精神。但是，如果把對方追到手了，又感覺單身生活會受到束縛，兩人世界過得久就會麻木。他們的激情來得快，去得也快，一般來說，火象星座的B型人容易因為新的戀情而出軌。

B型血的水象星座：

包括B型人中的巨蟹座、天蠍座和雙魚座。水象星座的B型人對愛的態度是婉約和奉獻。他們常常帶有一種天真、溫和的氣質，在感情關係中不善於競爭。他們喜歡單純簡單的戀愛關係，不喜歡搞曖昧，對於不喜歡的追求者會立刻表現自己的立場，但是對於舊戀人卻願意保持著各種聯繫，怕被遺忘。

水象星座的B型人一旦喜歡上一個人，就會把自己的全部的心思集中到這個人身上，而且心思敏感，對方的一舉一動都會讓他們激動半天。因此，水象星座也是B型血人中面對愛最猶豫不定、患得患失的一型了。他們面對喜歡的人時會變得笨

拙、生硬，讓對方摸不著頭腦。

　　開始戀愛以後，B型水象星座可以為了對方的需要犧牲自己的事業或者其他方面的發展。當然，這也只不過是剛開始時候的狀態，時間一長，他們還是會恢復原貌，可能又開始呼朋引伴到處遊玩。

B型血的土象星座：

　　包括B型人中的金牛座、處女座和摩羯座。土象星座的B型人對愛情的看法比較簡單，也相對晚熟。他們認為談戀愛的目的是希望得到彼此溫柔的關心和照顧，第一次戀愛的時間往往會比較晚，而且心裡並沒做好充足的準備。

　　如果他們被追求的話，雖然對追求者並沒有太大的好感，但是也會抱著一試的態度去交往。而B型土象星座的人如果向他們喜歡的對象表白失敗，並不會非得堅持下去。他們比較現實，能夠平靜地接受失敗。他們的戀愛心理是隨著年齡的增長而逐漸成熟的。

　　大部分的情況下，婚後的土象星座B型人是一個安守本分、循規蹈矩的丈夫或者妻子。但是，也不排除他們中有一部分人表現出活躍、貪玩的一面，日子或者過得「波瀾起伏」。

B型血的風象星座：

　　包括B型人中的雙子座、天秤座和水瓶座。風象星座的B型人追求的是輕鬆和快樂的愛。他們大多風趣幽默，善於表達自己，對異性有很強的魅力。他們對待愛情的態度是自由、輕

鬆的，愛情不會是他們生活的全部，因此他們不喜歡過於沉重的愛情，更不會試圖去佔有戀人的全部空間。同樣，他們也希望戀人可以給他們足夠獨立的空間和自由。

他們即使失戀，也恢復得很快。風象星座中的B型人桃花運很旺盛，擁有很多異性朋友，不過他們對友情和愛情分得非常清楚。在沒有碰到值得付出真心的那個人之前，他們是花心人物的典型代表，不過一旦有了真愛，他們會馬上收斂自己，絕對不會在外面拈花惹草。

B型人之愛情新攻略──女性篇

B型女孩子天生樂觀、熱情、不拘小節，相當重視朋友，所以身邊總有一大堆異性圍繞。B型女孩看似親切，但是對男朋友的選擇要求比較高，能真正讓她們心動的男生不多。

B型女孩好奇心重、愛憧憬、愛尋求刺激，對愛情一直抱有美好但不切實際的幻想，如戀上不羈浪子、與帥酷的男明星拍拖等。她們可以把愛情與結婚分開，但一旦踏入家庭，會是一個稱職的賢內助。另外，B型女孩對對方的外貌體型、經濟條件、教育背景等比較在乎。

那麼，四種血型中的男生，哪種最符合Ｂ型女生的口味呢？

當Ｏ型男遇上Ｂ型女

Ｏ型男孩和Ｂ型女孩很容易被對方的個性所吸引，擁有快速行動力的Ｏ型男生和積極主動的Ｂ型女生可謂是一拍即合，很容易產生熱烈奔放的愛情。

Ｏ型男孩和Ｂ型女孩都是相當熱情的人，因此兩人一旦專心投入愛情之中，必定會營造出一段轟轟烈烈的戀情。Ｏ型男孩對愛情有著堅定的意志，對愛也很專一，不輕易愛人，一旦愛了就會陷得很深，在約會時也會表現得非常浪漫。不過，有時候Ｂ型女孩會比這種太深沉的愛情壓得喘不過氣來。兩人如果沒有相同的目標，那麼在對待一個問題時會出現很大的分歧，很容易產生不愉快。所以兩個人一定要注意溝通，尋求平衡點，不要把想法藏在心裡。

當Ａ型男遇上Ｂ型女

Ｂ型女孩的活潑與幽默對Ａ型男孩有致命的吸引力，而沉默、踏實、看上去酷酷的Ａ型男孩也能對Ｂ型女孩產生難以抗拒的魅力。因為兩個人的性格剛好相反，能產生一種互補，所以如果兩個人的戀情能修成正果的話，是一對不錯的伴侶。

Ｂ型女孩如果對Ａ型男孩有意思，她可以變得很主動，所以Ａ型男生只要把握好時機，兩個人的發展就會變得非常迅速。不過，Ｂ型女孩的過於主動與我行我素有可能會引起Ａ型

男孩的反感。同時，當雙方相處一段時間後，B型女孩會發現A型男生不少缺點，比如他為人太木訥古板，做事又過於講究細節或太程式化，這些有可能會讓自由派的B型女孩受不了。

當B型男遇上B型女

因為性格脾氣、興趣愛好相近，所以兩個人相遇的時候往往有相見恨晚的感覺。他們在長久的相處中因為可以互相體諒彼此，很有可能步向紅地毯的另一端。

兩個人都很主動，所以雙方一旦有感覺，戀情會發展得很迅速。不過，雙方都比較隨性，戀人關係可能會比較鬆散，看起來更像朋友關係。兩個人愛爭強好勝，都喜歡自由自在的生活，所以有時候難免有矛盾，想更深入地發展比較困難。還有，隨著交往時間變長，對彼此的好奇心也會逐漸變淡，如果不及時互相溝通，把心裡的想法說出來，共同尋找解決方法，戀情很可能就走到盡頭。

當AB型男遇上B型女

AB型男孩的性格讓B型女孩捉摸不透，而B型女孩的主動積極又被AB型男孩所欣賞，所以他們之間存在著神祕的吸引力。在他們眼光對接的時候，常常能產生一種曖昧不明的感覺。如果兩個人能在一起，互相會帶來很多驚喜，愛情將會一帆風順。

如果雙方一開始就對對方產生好感，那麼兩個人也會很快就交往起來。AB型男孩的冷靜分析，可以大大彌補B型血女

孩的不足。而B型女孩的某些看法，又很能得到AB型男孩的贊同。不過，有時候B型血女孩可能會對AB型男孩的內向表示不滿，他們個性中一些互不相容的地方又會成為他們爭執的導火線。所以，如果彼此不多寬容對方，那麼他們的感情可能會隨著交往次數的增多而逐漸平淡。

與B型女孩約會，最好以有要事商談為由，這樣比較容易接近她。B型女孩喜歡有趣味、生動活潑的談話氣氛。和她在一起時，千萬記得時時關注她，不管她談論什麼話題，你都要津津有味地傾聽，並適當插話。如果你中間把她晾在一邊和別人打太長時間的電話，就會給她造成你不在乎她的感覺。所以，與B型女孩在一起，千萬不能漫不經心。

整體來說，B型女孩比較喜歡新奇刺激的感覺，所以無論哪種血型的男孩都不要把她催得太緊，偶爾幾天不跟她聯繫，然後再突然出現給她安排一系列好玩的專案，這樣會給她帶來很大的驚喜，有利於感情的加深。

B型人之愛情新攻略——男性篇

B型男孩幽默風趣、陽光俊朗、喜歡熱鬧，身邊很容易就

圍滿追求他的女孩。所以，在B型男孩看來，把普通關係發展到戀人關係是輕而易舉的事情。相對應的，B型男孩也喜歡樂觀開朗的女生。他經常會把女朋友逗得非常開心，不過，老是嘻皮笑臉的B型男孩，很像花花公子，這也是很多女孩擔心B型男友的事情。B型男孩看似隨意，但是像和他一起走上紅毯還真不是一件簡單的事情，除了注重女孩的外貌體型、教育背景、家庭狀況外，還有一個重要條件是，能打動他的心，讓他有和你從此安安分分守住一個家的感覺。那麼，想捕獲B型男孩的真心，女孩子們要忌諱哪些問題呢？

B型男孩不喜歡別人對他熟視無睹，如果和他近在咫尺，而又故意把他當做透明玻璃，會讓他感覺非常不舒適。所以，即使你們還不熱絡，在與他相遇時也盡可能打個招呼。

B型男孩比較喜歡天馬行空、滔滔不絕地高談闊論，卻不喜歡他人斷章取義，或者中間插入一些毫無營養的話。如果想贏得他的注意，最好仔細聽他的話，適當的時候幽他一默，這樣效果會好得多。

如果有事情要拜託B型男孩，只需給他交代大概需求即可，別告訴他太多的細節與要求，這樣會讓他很苦惱，他可能會對你產生囉囉嗦嗦、嘮叨女的感覺。

如果剛開始和B型男孩約會，盡量和他享受眼前的甜蜜，千萬別每次見面都故意提以後結婚了會怎樣怎樣，先別涉及太遙遠的未來，B型男孩不喜歡給人沒有定數的承諾。

B型男孩不喜歡被束縛，所以，女孩子們不要想藥膏一樣一天到晚死纏著他不放，試著給他一部分私人的空間。那麼，

和 B 型男孩交往有哪些技巧呢？

B 型男孩直率、灑脫、開放，非常容易溝通，如果你真的喜歡上他了，可以大膽說出你的感覺，他不會覺得突兀。因為，B 型男孩不太願意去猜測別人的心思，如果你藏在心裡不表露，那麼他永遠也不知道你曾喜歡過他。

B 型男孩比較愛面子，在他人面前，盡可能捧他，給他熱烈的支持或善意的回應。這樣，他會認為你是一個尊重他的人。

B 型男孩比較注重物欲的追求，所以，在他面前，你大可打扮得時尚漂亮一些，儘量提高自己的品味，如果有突出的才華也儘量在他面前表現出來，這樣你對他的吸引力會大很多。

B 型男孩做事大大咧咧，如果沒有太大原則上的問題，切莫在他面前挑剔其細微的小毛病，這樣會讓他覺得不痛快。

B 型男孩比較重視周圍人群的感受，如果和他談戀愛，盡可能對他所關心的事情表示出你的興趣，同時也努力提高這方面的認識，這樣更能提高你對他的吸引力。

B型妻子 VS B型丈夫，誰最稱職

當 B 型的男孩女孩踏入婚姻殿堂，他們的身分和家庭角色

就發生了巨大的變化，那麼，家庭中的B型妻子和B型丈夫，他們誰最有責任感，誰最會經營家庭呢？

當B型女孩變成B型妻子

B型妻子結婚後性情仍然直爽、乾脆、親切，只要有B型血妻子在場，周圍的氣氛永遠活躍熱鬧。所以，B型妻子很受左鄰右舍的歡迎。

B型妻子如果把心思放在經營家庭生活上，那麼愛情和家庭生活都會變得豐富多彩，否則，一如既往地貪玩，家庭生活就會變得亂七八糟，很讓丈夫頭疼。

B型妻子有的仍舊把工作擺在第一位，不會為了家庭而犧牲自己的工作愛好和學習計劃，這個時候她們會變現出對家庭不夠關心。而有的B型妻子會為了家庭而犧牲自己的事業，把所有心思都放在經營家庭上。如果B型妻子能在兩者之間找到一個平衡點，那麼就會減少很多家庭矛盾的發生。

有家的B型妻子情緒會變得很奇怪，當她們有時候覺得委屈或傷心的時候，會毫不在乎地哇哇大哭，隨後馬上恢復，似乎什麼事情都沒發生過。這也許是她們正逐漸接受家庭生活的磨合期。

B型妻子喜歡跟丈夫交流，理解丈夫並經常支持和鼓勵丈夫，是成功丈夫背後的頂梁柱，也是丈夫可靠的人生伴侶。她們對丈夫很公正，在外人面前很少褒揚或貶低丈夫，有時候會滿不在乎在他人面前談論自己和丈夫之間的事。她們在精神上對丈夫的依靠較少。她們能跟孩子玩耍，並進行朋友式的對

話，但是教育孩子比較粗心，管教也不太嚴。

B型妻子會做家務，而且會非常快速，但是整理起來比較粗心。她們有一定的烹飪技術，有自己獨特的風格，但是不夠精細。B型妻子常受到家裡老人和鄰居的好評，但有時候講話不慎重，容易出錯。與親戚朋友間的禮尚往來思考得不夠周到。

丈夫生活作風出現了問題，如果他們能夠及時認錯，B型妻子能給予寬容，但有時歇斯底里時也會徹底追究，將問題擴大化。她直到晚年都充滿朝氣。

當B型男孩變成B型丈夫

B型丈夫性情豪爽，他們往往不善於對事物進行細緻煩瑣的思考，所以在家庭生活中也總是大大咧咧。他們不受「家庭」形式的約束，也很少擺丈夫的架子，無憂無慮，似乎顯得有些缺乏責任心。比較在乎妻子對自己關注，希望看到妻子運用各種方法表達對自己的關心，他們願意把自己工作上的事講給妻子聽。

他們對妻子的行為、情緒和感情反應比較遲鈍。但是經過交談，能夠充分理解妻子的立場和想法，能夠體諒妻子的交際活動。但他們在處理人與人的關係方面不太積極，特別是親友間的紅白喜事多交由妻子去做。B型丈夫對經濟的管理有很大的差異，有人願意完全交給妻子去管理，而有的則願意進行干預，對收支預算非常認真。

B型丈夫對家務不太關心，但有時候心情不錯時則會喜歡

提出建議，願意親自下廚。B型丈夫比較講究飲食，如果妻子
的飯菜符合他口味則會大加讚賞，使妻子很受鼓舞。

B型丈夫愛和孩子一起玩耍，但是往往把細緻的育兒計劃
和管教任務全部交給妻子去做。B型丈夫生活作風方面一般不
出現大問題，但是有時候愛和其他女人開玩笑。

如何將B型孩子培養成才

血型雖然大致只有四種，但每個孩子的血型都是與生俱來
的，而且從出生到生命終結，除非某些特殊疾病，血型一般是
不會輕易改變的。又因為每個血型都有其特點，所以根據孩子
的血型因材施教、循循善誘，挖掘和發揮他們的潛能、優勢，
彌補他們一些天性上的不足，是每個父母應該重點關注的問
題。

B型孩子從小開朗樂觀、無心機、機靈、大方、活力充
沛、具表演天份，但有時候缺乏恆心、喜新厭舊、自由散漫、
比較任性。比如他們看中了一件玩具，就會很直接地告訴父母
他們想要，剛買到手時會愛不釋手，可是過沒兩天就會將其扔
到一邊，而且會若無其事地送給其他小朋友玩。

做事情時，如果不是特別感興趣的，B型孩子容易虎頭蛇

尾。比如在做作業時，一旦有喜歡看的電視節目，不管寫沒寫完，常常會扔下作業本跑出去看。如果電視節目不好看，那麼他可能又會開始玩玩具。所以Ｂ型孩子小時候的記性不好，做事情丟三落四，作業潦草，小錯誤很多，學習成績不會很高。

這種血型的孩子很大的特點是愛幻想，而且想像力極為豐富。他們喜歡看動畫片、漫畫，腦海中經常有很奇怪的想法。他們喜歡編造故事，加入很多主觀臆想，而且情節極為新奇。對想像力豐富的Ｂ型孩子，如果能加以正確引導，他們將會表現出非凡的創造力。

如何糾正Ｂ型孩子的不良習慣？

Ｂ型孩子因為散漫、任性，很難管教，最讓父母頭疼。所以，父母要想把Ｂ型寶寶培養成才，尤其要注意以下問題：

Ｂ型孩子領悟能力和學習能力都不錯，但性格散漫，興趣廣泛且易轉移，缺乏做事情的持續性。要想讓Ｂ型孩子得到更好的栽培，家長就有必要注意幫助他們克服一些不良習慣。

Ｂ型孩子小時候乖巧聽話，惹人喜歡，但是隨著年齡的增長，就會對父母的一些管教產生牴觸情緒和逆反心理，所以父母不適宜對Ｂ型孩子管教太嚴、過度約束他們，多給他們個人空間。

有的Ｂ型孩子喜歡一心二用，如邊看電視邊做作業，邊吃零食邊看書。父母要注意提醒他改掉這些壞毛病，制定原則性的條約，讓他務必遵守，儘量養成一心一意、專心致志的習慣。

但有些Ｂ型孩子專注起來非常認真，什麼事情都打擾不了

他們，他們很多事情都是在這些短短的專注時間內做出來的。在孩子認真而專注地思考或做某件事時，父母儘量不要打擾他，即使那件事是你要求他當時不能做的。根據他的專注程度，不難發現他的興趣所在。父母要對他的興趣加以正確的引導，以挖掘他某方面的天賦。

B型孩子愛幻想，有時候喜歡說謊，在他興高采烈地虛構故事時，父母儘量細心傾聽，假裝相信他，但在這個過程中不動聲色地指出他話語中一些不切實際的地方，讓他們在無形中發現自己說謊是不對的。

此外，不應太多地誇獎讚美B型孩子，因為過多的誇獎易使孩子洋洋自得、不思進取。

如何指導B型孩子正確學習？

B型孩子酷愛自由，不喜歡被限制，讀書態度也比較散漫。當他心思不放在學習上時，父母越督促他，他就越反感。反而，如果他學習的興趣上來了，父母就是不催他，他也會高效地學習。所以，父母要注意發現孩子學習的最佳時間，在他有興趣學習的時候督促他學習，興致不大時讓他做其他事情，給予他適當的自由與權力。

B型孩子學習容易分心，父母最好能給他安排一個獨立而清靜的房間。例如房間牆壁、窗簾採用白色、藍色等單色調的顏色，儘量少進出他的房間，以免疏散他的注意力。

B型孩子缺乏耐心，做事經常有頭無尾、中途而廢，但是他們在有效的時間內效率奇高。所以，父母給他們安排學習的

時間不要太長，最好以半小時為一單元，學習半小時玩半小時，或者做二十分鐘的數學，然後換做二十分鐘的語文，這樣B型孩子就不容易產生厭倦的情緒，可以彌補他缺乏耐心這個缺點。

B型孩子的動手與實踐能力比較強，可以讓他們邊實地視察邊接受理念性學習，這樣他們對知識的掌握會更快。

如何讓B型孩子多與人接觸？

大部分B型孩子對人群有一種天生的距離感，不願意參加集體活動，自己想做什麼就做什麼，比較自我。

父母要儘量改變B型孩子獨來獨往、我行我素的特點，例如故意讓他們和大家在一起，跟夥伴們一起上學、一起遊戲、一起參加活動，或者創造條件擴大孩子的社交範圍。總之要逐步培養他積極參與團體活動的意識，進而獲得一定的人際交往能力。

B型人如何告別月光一族

如果你有這麼一位朋友，他/她豪爽大方、熱愛社會交往；耳朵軟，經常在促銷員的慫恿下買了一大堆不實用的東西；月

初的時候，他/她經常請你和其他朋友在飯館吃大餐，飯後毫不在乎地刷卡消費；月底，他/她愁眉苦臉地去銀行還錢，滿臉「菜色」，經常來蹭你的飯，饅頭蘿蔔也願意啃……沒錯，這個朋友百分之九十是B型人。

　　四種血型中，B型人是典型的月光族——月初錢多多，月底囊空空。他們是名副其實的「知易行難」型，時常叮囑自己存錢，卻總是阻擋不了花錢的慾望。B型人對於喜愛的東西無法抵抗，總會想盡辦法將它們買回家，即使知道那是一堆不合用的東西。信用卡刷爆這種事經常發生在B型人身上，毫無節制、入不敷出、捉襟見肘、窘迫、尷尬這些字眼用在B型人身上一點也不過分。

　　B型人，無論男性還是女性，眼前一千元比三年後的一萬元更具有吸引力，他們缺乏省錢、節儉、存錢、理財的意識，所以，他們總被批評為不善於利用時間與金錢的人。

　　那麼，B型人要怎樣改變自己的花錢習慣與理財方式，才能脫下「月光族」的帽子呢？

　　有些B型人的個性比較慵懶，投資意識不是特別強，「懶人理財法」比較適合他們。這些B型人其實生活很隨意，對吃穿的要求並不太高，所以，他們的理財方式也比較隨意、簡單。有時候，B型人經不起保險公司或者基金公司推銷員的慫恿，在沒搞懂狀況前就掏腰包購買理財產品了。所以，這種B型人還是需要多花精力來學習理財。其實，比較適合他們的簡單的理財方式是（假如他們確實比較有錢）買一間便宜的房子來收租，這對他們來說確實是一種省力而又穩定的好辦法。

　　有些B型人的個性比較衝動，很容易頭腦發熱就花掉了許多不該花的錢，如某支股票已經漲得很高了，還一頭熱地衝進去；房子價格虛高，但經不起銷售員的吹捧，一衝動就買了。這些B型人的投資理財要避免衝動，做一個投資決定之前，一定要三思而後行，對於投資的期望值也不要過高，更不能急躁。除了投資外，建議這些B型人還是保持一定比例的儲蓄。如可規劃定期定額的投資型保單，在每個月的發薪日從銀行自動扣款，除了強迫儲蓄外，還能分散投資的風險，儲蓄後剩下的錢才拿來消費。

　　有些B型人因為缺乏安全感，所以也還比較熱衷於儲蓄。但是，他們比較好玩的是，因為丟三落四、忘記密碼，要經常跑銀行進行補辦手續，結果打掃屋子時又總能在角落裡搜出N張發黴的存摺或卡片。他們的儲蓄效果往往不是很明顯，因為耳根軟、較善良，在平時的消費或投資上容易被騙，所以，一定要多提高警惕。

　　另外，因為罹患乳癌、口腔癌的機率較其他血型高，建議可規劃還本型的防癌險及重大疾病險，兼顧防癌與儲蓄功能。

　　整體來說，之所以成為月光族，主要是因為他們好奇心太重、消費慾望太大、理財意識太薄。所以，B型人要多多控制自己的消費欲，樹立正確的花錢與理財觀念。在努力提高自己賺錢能力的同時，學會讓「錢生錢」，才能過上寬裕又從容的生活。

Part
6

B型人之黃道十二宮

B型×白羊座

性格分析

　　B型白羊座出生在冰雪消融、陽光和煦的三、四月，因此性格也一如暖洋洋、明艷艷的太陽般，明朗、熱情、生機勃勃。

　　B型白羊座往往信仰這樣一句座右銘「不管結果如何，嘗試總比沒有嘗試過好。」你對人、對事擁有永不停息的熱情，一旦下定決心，便會勇往直前，不達目的決不甘休。你對自己的能力擁有絕對的自信，像一位勇往直前的戰士，往往能給身邊的人帶來勇氣和力量。

　　你擁有與生俱來的求知欲，比任何星座更具有上進心。在生命中的每一刻，你都要求自己活得健康，活得有朝氣。你不喜歡維持現狀，討厭像死水一樣的生活，所以你拼命地向未知領域挑戰，努力開創更寬廣的未來，絲毫不放鬆人生的任何可能，是個追求夢想、刺激以及一切可能性的冒險家。

　　你的腦袋非常靈活，動作迅速而敏捷。在別人猶猶豫豫、下不定主意的時候，你往往早就選擇好了要走的路，精神煥發地朝目標前進了。對你這種快速的行動力，人們經常稱你為「快刀手」、「急旋風」。在現代這個競爭激烈的社會中，明

快的決斷力及果斷的衝刺精神，能幫助你掌握住機會脫穎而出，所以即使你不刻意追求第一，也能成為焦點人物。

不過，令你為難的是，如果你碰上做事拖泥帶水的人，就像「急驚風」遇上「慢郎中」，讓你焦急萬分。依你直截了當的個性，往往會忍不住把不滿和急躁表現出來。同時，你的行動因為過於迅速，沒有做周密的思考和完整的規劃，往往帶有一定的盲目性。加上做事不拘小節，只顧大大咧咧地向前衝刺，而忽略了身邊的小細節，因此你在奮鬥的過程中，有時候會因為粗心大意弄得頭破血流。

溫馨小提醒

有時適當放緩一下自己的腳步，你會發現周圍有很多被你無意中忽略的美麗風景。

白羊運勢

除了性格習慣、專業素養、個人努力等因素外，成功者之所以成功，還因為他們擁有一個共通之處，那就是擁有優越的外部條件或者非常難得的好運氣。B型白羊座的你恰恰就是這樣一個好運氣的人。一生中，你會擁有很多不可思議的好運勢，比如意想不到的邂逅，或者他人想像不到的神祕經驗。

B型白羊座還擁有極好的家庭運，家庭生活一般很圓滿。即使偶有家庭糾紛發生，也總能在關鍵時刻贏得貴人相助，逢凶化吉，一場風暴瞬即變成風和日麗。

人們在被迫做出重要決定時，因為缺乏相關技術的支持與

他人的指導，往往依據自己的直覺來做判斷。當B型白羊座再怎麼拼命努力也無法獲得好結果時，可以不必急於分析問題，不妨憑自己的靈感做決斷。B型白羊座在第六感方面，往往比較準，能獲得出人意料的幸運。

溫馨小提醒

> 適當利用身邊得天獨厚的條件，你將比別人獲得更多的好運氣。

職場命運

與其他血型的白羊座相比，B型白羊座的職場命運差不多排在了最高點上。良好的性格、難得的機遇、傑出的才華，幾乎都集中在B型白羊座身上了。

B型白羊就像一個鬥牛士，機智勇敢、身手敏捷，總是以最佳的狀態活躍在職場這個「角鬥場」上。適合你的工作就像「公牛」一樣，必須具有挑戰性，才能激發你的勇氣與力量。現代社會越是競爭激烈，工作越是困難、越是有挑戰性，你越能發揮你的才華與能力。恰恰相反，在平平靜靜、順順利利的、像一潭死水的工作狀態中，你的大膽進取、積極行動力都會跟著消失不見。所以，為了自身的發展，你必須尋找競爭激烈、具有挑戰性、有很大自由發揮空間的職業。

職場中，B型白羊座最容易在複雜激烈的競爭中脫穎而出，他們擁有令人羨慕的四兩撥千斤、天時地利人和等天然得勢的能力。B型白羊座的男女存在一定的區別，白羊座男人是

卓有成效的工作狂,而白羊座女人大都是優秀的下屬。此外,B型白羊座善於低頭,尤其是女性,在遇到很棘手的問題時,懂得以柔婉的態度去對待,這一點也為他們爭取了難得的職場生存空間。總之,在沒有硝煙的職場中,B型白羊座是比較順風順水、令人艷羨的一群人。

溫馨小提醒

積極的態度與高昂的狀態是助你勇往直前的寶劍,請記住,上戰場之前一定要帶上它們。

贏在職場

適合B型白羊座的職業比較多,比如,需要敏銳直覺力、迅速行動力的記者行業、大眾傳播業,企業經營、市場開拓、公關、宣傳等衝鋒陷陣的工作。此外,講求速度與方向感的賽車運動也十分適合B型白羊座。另外,比較建議的工作還有服裝設計、旅遊、職業運動員、企劃、管理者等。

此外,B型白羊座由於缺少持續性而容易半途而廢,所以他們不適合做那些默默無聞、需要長時間堅持才出成果的工作。不過,如果B型白羊座在畫畫、雕刻、工藝等方面擁有天賦,倒可以一展才華。那些瑣碎的雜務,呆板而單調的研究工作,對別人彎腰點頭展露微笑的服務行業等,並不適合B型白羊座的人,所以調查研究員、技術研究員、公務員等職業可以排在你的考慮範圍之外。

你應該選擇一個充滿活力、有壓力、有很大發展空間的工

作環境，這樣才能讓自己的才華激發出來。如果你覺得現在的工作讓你有氣無力，有才華而沒處使，那麼請衡量一下是不是該換一個職業了，以免埋沒你的才華，耽誤了你的一生。

工作上，B型白羊座有唐突地採取行動、耐心不夠的缺點，所以建議你在事前提前擬定工作方案，在工作進行的過程中給自己多一些信心與支持，相信凡事沒那麼糟糕，相信自己不比任何人差，甚至比大多數人還好，勇敢地面對工作中的一切暫時性的困難。其實B型白羊座的潛能是無限的，只要克服一些心理弱點，就可以把自己的潛能優勢很好地發揮出來。

另外，值得注意的是，B型白羊座的你有時候會留給上司、同事傲慢無禮的印象，所以你要儘量克服自己隨性、高傲、狂妄等不好的態度，以免自毀前程。

溫馨小提醒

> 選準適合自己的職業，就是搭上人生的順風車；謙遜一點、低調一些，你才能在職場上遊刃有餘。

社交技巧

B型白羊座寬宏大量、坦坦蕩蕩，有愛心、樂於助人，就算對待敵人也是光明磊落地交戰，不會暗中算計別人。你的善惡觀念比較分明，厭惡曖昧不清的態度，喜歡把所有事情乾乾淨淨地處理。不過，值得注意的是，有時你的話說得太直白，很容易傷害人和得罪人。雖然你內心是很善良的，從來沒有惡意，但是如果你這種太過直率的表達方式不加以適當的控制，

那麼就會在無形之中會樹立許多敵人，對你的人生和事業都不利，這點是你急需需要改進的地方。當然，你爽朗、樂觀、不記仇的性格會在無形中增添你的個人魅力，不知不覺中吸引一部分真正欣賞你、真心喜歡你的朋友。

B型白羊座如果和別人交上朋友，就會非常仗義地幫他們做任何事，不過如果做過頭，反而有幫倒忙的可能，因此你要注意自己的尺度。

溫馨小提醒

對不同的人必須採取不同的交際方式，這才是真正的智者。

財富密碼

B型白羊座波瀾壯闊的一生就像一個大賭場，金錢很多但流動性很大，有時候運氣好會大賺一筆，但倒楣時卻會連本帶利輸得精光。B型白羊座就像一個瘋狂的賭徒一般，把人生視為一場賭局大膽下注。

B型白羊座會很積極地賺錢，做投資，擴大事業，股票玩起來也得心應手，你的財運屬於攻勢，只要巧妙地利用得當的方法，就會賺得盆滿缽滿。

B型白羊座也非常能花錢。你花錢不懂節制，只要看到喜愛的東西就會傾家蕩產、不擇手段地買下來，從不考慮物品的實用性及長久性。由於你性格開朗，對朋友非常慷慨大方，聚餐時你總是自告奮勇地請客，負責所有列席者的花費。雖然你

是真心真意地想請客，花起錢來也不心疼，可是這種老大式的付款方式，會讓你的財富以極快的速度流失，最後周圍的朋友可能都被你養胖了，而你卻變成了窮光蛋。

其實，建議你透過正確的社交方式去拓展你的人脈，一旦擁有良好的人際關係網，你的財路將會變得暢通無阻。年輕時的B型白羊座可以相對冒險，但是一旦步入中年之後，最好能有某種程度的節制。

> 學會儲蓄吧！這是讓你存上養老金的最快方式了。

戀愛攻略

B型白羊座相信一見鍾情式的愛情，一個微笑、一個回眸、一個手勢就可使你對對方產生好感，迸出愛情的火焰。你對戀愛的態度是熱烈而急促的，雖然你也很受異性的歡迎，但是你這種對待戀愛的態度方式很容易讓對方不知所措，而導致戀情的提前終結。因此，如果你能稍微含蓄一些，那麼成功的機率絕對能有所增加。

當對方一口氣拒絕你的求愛時，你因為自尊心過強而容易變得心灰意冷，進而提前結束還沒開始的戀情，從不願意「死皮賴臉」地爭取多一次機會。但是，往往是因為這樣，你錯失了不少原本還可以挽回的戀情。對於B型白羊座的你來說，不喜歡日久生情，不喜歡細水長流式的愛情，而偏向於轟轟烈烈、燦爛浪漫的愛情。

　　你只要一陷入熱戀，就會失去冷靜和理智，到最後竟達到無法辨別真相、正視事實的地步。你會完全看不見對方的缺點，甚至把對方的缺點看成是優點，完全喪失了自己的判斷能力，對愛人產生過分理想化的傾向。當激情褪盡，迷霧散去，你才有可能接受對方種種的缺點，但是這時候你可能已經被傷害得很深了。

　　B型白羊座的你，雖然知道對方是有婦之夫或有夫之婦，但是你竟無法自拔、瘋狂地愛上了他。即使門第差別很大、周圍沒人支持你，但你就像飛蛾撲火般不顧一切地去愛對方，並想盡辦法跟他廝守在一起，甚至做出私奔、離家出走等讓人吃驚的行為。你對愛情充滿了奉獻的精神，為討得你所喜歡的人的真心，你會毫無保留地將自己的愛表達出來，毫不猶豫地為愛人做最大的犧牲。所以，B型白羊座的你應該學會對愛自私一點，否則，最後受到傷害還是你。

　　B型白羊座在和異性交往時，應該注意保持與其交往關係的公開化，對自己充滿信心。不妨嘗試著改變自己的外在形象，打扮得休閒些，看起來清爽、乾淨，也許會發現自己另一種面貌，進而贏得異性的注意。與喜歡的人交往時，一定要講究方法。你可以故意接近他（她）所尊敬的長輩或上司，以及常與他（她）為伍的朋友，獲得這些人的好感，你將會有更多的機會來瞭解他（她）。

　　另外，B型白羊座的性觀念是比較開放的，當你把心交給一個人時，就會心甘情願地把身體交給他（她），認為性關係是戀愛的一部分，是順其自然的事情。

溫馨小提醒

對自己的感情有所保留吧！一見鍾情式的愛情太冒險了，在燃燒自己愛情的同時，注意千萬別灼傷了自己。

婚姻家庭

　　B型白羊座不喜歡經由相親、朋友介紹等形式尋找人生伴侶，主觀而自信的你相信自己一定會與你生命中的那個他（她）相遇。一旦遇到喜歡的人，很容易變成閃婚一族。結婚日期會決定得十分突然，甚至你與對方見面才兩三個星期，你便宣佈了佳期。即使雙方家長、親朋好友有所勸阻，但是對於正沉醉在熱戀之中的你來說，誰也無法阻止你早一點走上紅毯的決心。對於婚姻家庭，你覺得經濟基礎並不重要，因為你相信結婚後透過兩人的努力，一定可以讓家庭變得更寬裕。

　　因為你自我觀念及其強烈，如果對方是一位性格柔弱，而且在性情、興趣愛好上與你存在很大的差距的人，那麼你們這段婚姻可能就無法天長地久了。不過，如果你的伴侶與你相近，或者至少某些地方你們彼此互相欣賞，那麼恭喜你，你們夫妻將會恩愛有加，家庭會變得和睦幸福。

　　B型白羊座的女性結婚後，並不會留在家中相夫教子。因為有事業心，總想透過工作證明自己的能力，所以即使結婚之後，也一定還會積極找工作。你會覺得終日無所事事、在家裡料理家務、靠丈夫的養活是一種恥辱。邊工作邊表現出生存價

值，你會在家庭與事業之間過上嚴謹忙碌而又快樂充實的生活。

B型白羊座的男性責任心很強，非常愛家，堪稱是個可靠的好丈夫。不過，這根家裡的頂梁柱卻是一位不折不扣的獨裁者，喜歡以自己的主見來行事，很少聽從妻兒的建議，是十分典型的大男子主義型。

整體來說，B型白羊座的人熱衷於婚姻，一般都能演出一場驚天動地、轟轟烈烈的閃電式婚姻，讓周圍的親朋好友震驚不已。不過據統計，B型白羊座的大多數人竟然在二十到三十歲之間離婚。沒有深刻瞭解對方的優缺點就立刻結婚，婚後時間長了自然就會發現對方的真面目，那種神祕與熱情就隨之煙消雲散了，時間一長感情變淡，離婚似乎就成了無法避免的終結符號。所以在結婚之前，你最好將對方的優缺點、興趣愛好、文化素養等考慮清楚，切勿衝動結婚，免得鑄成遺憾。

溫馨小提醒

閃婚是一項冒險的活動，在確定自己能接受失敗的挑戰之前，才去接受。

最佳速配

►O型雙子座

O型雙子座精力充沛，富有理性，且凡事有自己的觀點，再加上興趣廣泛，因此做起事情來非常穩重。生性猜疑多變的B型白羊座與O型雙子座結合，可以彌補其莫名奇妙的不安定感。

104

►O型射手座

O型射手座富有行動力，我行我素，一旦確定了目標便會奮發圖強，不喜歡被人指使。只要自己認為可以操作的事情，即使碰到再大的困難也必定堅持到底，他們強悍的個性也和B型白羊座投緣。

►B型水瓶座

B型水瓶座忠實於自己感受，厭惡被他人指使，如果他們無法將自己的注意力聚焦於某件事上，便顯得忐忑不安。這些性格特質，與B型白羊座太像了，經常一拍即合。

►AB型獅子座

AB型獅子座喜愛自由，精力充沛，一旦開始做某事即能全神貫注的，擁有很強的執行能力。對於生性開朗，情緒卻起伏不定的B型白羊座來說，AB型獅子座的行動力恰恰是最能彌補他們的不足的。

健康小站

B型白羊座的人體質很好，即使患有輕微的感冒，飲食也不會受到影響。但是因為他們經常像火山一樣爆發自己的不滿情緒，因而會出現內分泌失調的情況，引起痘痘、粉刺、皮膚疾病。尤其B型人與生俱來的樂觀與粗心，導致對身體的不適沒有及時去關注，往往耽誤最佳的就醫時間。

B型白羊座大都是工作狂，腰背部經常會出現一些老毛病。另外，困擾B型白羊座的疾病還有坐骨神經痛、腰膝痠

軟、皮膚炎、尿道炎等疾病。雖然這些病不至於影響生命，但一旦發作卻非常痛苦。

B型白羊座易缺乏磷，不妨多吃小魚、核桃、韭菜、洋蔥、芥菜和乳酪等。

B型×金牛座

性格分析

B型金牛座是個腳踏實地，方向感強，有那麼點固執的人。你堅持生活在自己所能接受的範圍下，不會去追求天方夜譚式的夢幻，對超自然的、人類無法瞭解的神祕事物從來不感興趣。對親眼年見、親耳所聞的事，你才會深信不疑；按原計劃達到的目標，才是你所追求的。

同時，你又是一個「陶淵明」式的悠然自得的樂天主義者，社會競爭再激烈，你依然我行我素，不為所累。人生的道路上，你走走停停、看看路邊風景，無比悠游自在。「賢的是他，愚的是我，爭什麼」是你所奉行的座右銘，你本身帶有那麼一點超越主義的味道和主張。

B型金牛座無法成為徹頭徹尾的浪漫主義者，也許在夜店

會情不自禁地放縱自己一小會兒，但事後往往容易後悔。

可能是個性所致，在思考或行動方面你總是比別人慢了半拍，所以，金牛座的你不適合也不會喜歡從事那些需要你立即做出反應的工作或活動。一旦環境與局勢發生突如其來的變化，你往往屬於那個方寸大亂、不知所措的人。

你與世無爭，只對自己感興趣的事情全身心投入，但是如果降臨到你身上的事情是強加給你的，違背你的原則和意願，你將會變得非常憤怒，毫不猶豫地進行反抗。這是體現在金牛座身上的頑固一面。

儘管你做事比較乾淨俐落，但有時候做事情之前你會思前想後，行動上的小心翼翼，所以常給人一種不夠積極的印象。久而久之，你對自己這種不夠果斷的行動力會產生厭惡的心理，甚至是排斥、批判的心理。你對那些做事風風火火、勇敢果斷的人很羨慕，對那些快節奏的生活方式也產生過憧憬。

所以，給你的建議是，過慢的生活步調有時候會消磨一個人的積極性，讓你變得缺乏協調性及對突發事件的應變能力，將對你的工作和人際交往不利。所以你訓練自己，加快步伐，主動提高，就算不超越別人至少也要和他們步調一致。

溫馨小提醒

悠閒但不失為懶散，無爭但不流於怯懦，這是B型金牛座應該謹記在心的。

金牛運勢

整體來看，B型金牛座不屬於那種命好的人。幸運之神不光顧罷了，有時壞運氣還會接二連三地發生。比如路上搭公車錢包被偷了，回到家發現屋裡也遭小偷，這種屋漏偏逢連夜雨的倒楣事，經常能讓B型金牛座遇到。

你和朋友或愛人的相處十分融洽，他們在你不如意的時候能給你提供很大的幫助。另外，你在精神方面的運勢還是不錯的。不會把物質方面的不如意放在心上，經常有內心充實快樂的感覺。

當你學會淡然相對或全心投入某件事時，那些壞運氣自會遠離。但是，當你心情變得消沉鬱悶時，便會遭逢壞運氣。

溫馨小提醒

你的好運經常在你心平氣和、淡泊寧靜時出現。

職場命運

在職場上，你屬於大器晚成型。你對於工作一向十分熱心、認真，責任感超強，很容易獲得別人的信任。但是因為你不喜歡變動，工作上的積極性和主動性不是太強，所以你要想獲得上司的賞析和肯定需要經歷比較長的時間。對你來說，升遷的法寶不是才華而是持之以恆的努力。

你總是表現得很溫和，對其他人沒有威脅性，所以即使你身懷絕技也會表現得特別低調。你從來不會在人前逞威風，因

此也容易被人忽視。你總是任勞任怨、默默地將工作做完，這種態度可讓你避開職場上不必要的攻擊與非議。你在思考問題時條理分明，處事時謹慎有加，因此很少遇到失敗的情況，不過，必要的時候還是給自己添加點兒冒險精神吧。

踏 實 、 默 默 無 聞 ， 是 你 的 優 點 ， 也 是 你 的 缺 點 。

贏在職場

B型金牛座的你，由於個性上不喜與人爭，愛好悠游自在的生活，因此，個性沉穩、內斂的你在經濟、金融方面發展將大有可為，從事與不動產相關的職業也會有相當不錯的成績。

另外，因為你對美擁有一定的敏銳度，所以你適合從事藝術方面的工作。如果你本來就具有不凡的才華，再加上穩重的性格，從事珠寶鑑定及經營美術品等，通常都能爭取到廣大的顧客。在美術方面，你可朝雕刻、工藝方面發展。在音樂方面，你學習聲樂可能比玩樂器更容易出人頭地。此外，從事烹飪，也有可能使你成為一流的美食專家。如果能定下心來專心朝藝術事業而努力，將會有一番佳績。

由於性格上的原因，你不適合從事需要辯才和協調能力的外交工作，而那些要求一流口才說服別人的推銷員當然也不適合你。

整體來說，適合你的職業有具有專才的畫商、寶石監定師、畫刊編輯、醫師、藥劑師、教師、建築師、衛生技師等。

可以嘗試的職業有廚師、雕刻、工藝服務業、律師等。而不合適你的工作是外交官、推銷員、大眾傳播等。

工作可以平凡，但態度不能平庸。

社交技巧

　　金牛座的你經常笑容滿面，不會破壞別人的和平相處，可算是相當高明的社交高手。你的性格就像牛一般，溫溫吞吞、態度穩定，處世相當慎重，但在另一方面也很固執，一旦發起脾氣來非常倔強，誰都說服不了，誰都阻止不了，固執己見而拒絕讓步的程度讓周圍的人很頭疼。

　　你個性溫和又堅實，性情隨和而踏實，對事物雖然猶豫不定，但是一旦決定下來，就能以堅忍不拔的精神，執著向前。你忍耐力很強，做事很負責任，受人之託必能忠人之事，絕不會中途放棄。你為人幽默、風趣，常能得到朋友的青睞。

　　此外，「慢」是你比較大的特徵，因為你崇尚「生命在於靜止」。所以，那些急性子的朋友可能不太願意老和你在一起。另外，你不太喜歡全體一致的集體生活，你早已習慣我行我素，或者應該說，你是天生的特立獨行者。

溫馨小提醒

改一下牛脾氣，你將會更受歡迎。

財富密碼

在十二個星座之中，金牛座與錢結緣最深，這就是此星座被稱為「金牛」的原因。你擁有最新的財富觀念，對存款數位有很深的概念，而且你有很強烈的賺錢慾望。不過，因為B型人對錢財看得不是很重。因此，如果你身上「B型」的氣質勝過「金牛」的話，亦即血型與星座的對比時前者占主導時，那麼你對金錢的觀念可能就沒那麼強烈了，反之亦然。

但是和其他血型星座比較起來，B型金牛座的財運還是相當不錯的。因為踏踏實實工作，認認真真存款，加上對物質的要求不高，如此節儉踏實的金牛天生就是一個「錢罐子」。你會不時地查一下銀行裡的存款，看到數字不斷增加時心裡會很踏實。但是，B型金牛座並不是守財奴，也沒那麼小氣，只不過是勤儉節約，善於存錢罷了。因為性格上的安定平穩，所以你很少有花費鉅資購物的舉動，在投資方面也比較慎重，所以成為大富翁的機會也因而大大減少。

到了晚年，由於你的人生經歷和財富智慧不斷增長，你的金錢運會隨之增加，你的置產運不錯，可能會擁有不少不動產。

溫馨小提醒

不要讓錢在銀行裡腐爛，適當投資，會獲得更大的回報。

戀愛攻略

　　B型金牛座天性謹慎細心，在戀愛這件事上也不例外。除非你對對方的內涵及性格瞭解得很透徹，否則，你不會輕易和他（她）墜入情網。因此，一見鍾情這種事情不可能發生在你身上。即使你察覺到異性對你的愛意，也不會立刻主動向對方示愛。除非雙方在某些方面都取得默許，而且十分確定這份愛情能堅持下去，否則不會輕易地付出真心，做出許諾。比較好玩的是，因為你過分慎重及不擅言辭，所以在表達愛意時會略顯尷尬和滑稽。不過，正是你這種老實而羞澀的表達方式，往往能真正打動對方的心。

　　你渴望平穩的愛情，不希望情變傷害了雙方，所以經常把愛藏得很深很深。你對待愛情既誠實又現實，你不擅長甜言蜜語，但心裡卻十分認真、誠懇。通常，在你遇到有交往的機會時，首先湧上心頭的不是羅曼蒂克的約會，而是對自己的提醒：這個人是否是理想的結婚對象？你們將來能否組成一對佳偶，過著幸福的日子？不過一旦雙方有所承諾，你們的愛情便如細水長流，不因時間而變質。

　　在交往時，你表現出落落大方，不過度限制對方的自由空間。但實際上，你非常在意對方的一言一行。你的獨佔欲很強，不能忍受對方三心二意。在性愛方面，你屬於晚熟型，但B型金牛座的人性欲都相當強烈，只要雙方情投意合，欲火便不由自主地燃燒起來。

　　大致而言，B型金牛座的你是個相當不錯的情人。如果真

要挑毛病的話，大概就是你的善妒與頑固，如果能去掉這兩個缺點，那麼作為B型金牛座的你，將會是個百分之百的好情人。

溫馨小提醒

> 愛情這東西，如果太過冷靜客觀，就會抹煞它的浪漫及美妙的感覺。

婚姻家庭

在B型金牛座的觀念裡，覺得人生最大的幸福就是擁有一個溫馨的家庭。如果你正是B型金牛座的話，那麼恭喜你。因為，這個血型星座的人正如他們所希望的那樣，婚姻家庭大都是幸福而美滿的。

對於婚姻，B型金牛座抱著十分謹慎的態度。年輕的時候你或許會懼怕婚姻，高喊單身主義，但是由於你天生對家庭保有一份依戀和嚮往，最終還是會走上婚姻的這條路。當好不容易找到心儀的伴侶後，你會非常珍惜這份情緣。在你的經營下，你們的婚姻生活非常安定，婚後分居或離婚的比例非常低。

其實，B型金牛座的人大都早婚，很少有人超過適婚年齡而仍未婚的。關於選擇伴侶，你往往有自己的標準和意見，不喜歡聽從長輩的隨意擺佈。你有可能經由相親而結婚，不過中間相親的次數可能會比較多，因為除非你完全瞭解、滿意對方，你是輕易不會點頭的。你們中也有很多人是自由戀愛的，如果你們的戀情遭到長輩的阻撓，你甚至會做出離家出走、私奔等決定，總之會為了自己的愛情而堅持到底。

在家庭中，你最大的優點是具有強烈的責任感。你會為了使自己的家庭安定幸福而做出非常大的努力。不過，有時候你會因為過於理想化而不切實際，令計劃最終失敗，最後會讓自己變得越來越沮喪。

你在家庭內外表現出截然不同的兩種態度，比如對外人你總是溫文爾雅、親切有禮，但對待家人有時候就可能會很情緒化。會無緣無故地鬧彆扭，破壞家庭的氣氛。當然，按你的性格，事情過去之後你便會忘得一乾二淨，但是家人會苦於應對你多變的情緒。

如果你是B型金牛座的男性，經常會表現出一家之主的架子，比較自我，希望其他家庭成員都聽從你的意見。不過，你對妻子絕對是愛護備至、體貼有加，時刻為她著想，從她的立場出發，很多事情都徵求她的意見，是個不錯的丈夫。

如果你是B型金牛座的女性，那麼你對家人的照顧可說是無微不至，尤其對家人的健康問題格外關心。不過，你對家務活不怎麼擅長也不熱衷，這是比較容易引起詬病的。

溫馨小提醒

對待家人，除了責任，還給予更多的關懷與換位思考吧。

最佳速配

►B型天蠍座

B型天蠍座個性認真、腳踏實地，與他們交往過的人會發

現他們非常努力且才華橫溢，只是不擅長與人交際往來。他們的這些特點和B型金牛座有相似之處，所以比較能吸引B型金牛座。

►B型雙魚座或AB型雙魚座

這兩種血型的雙魚座誠實、腳踏實地，會朝著遠大的目標一步一步努力，這點和B型金牛座的人非常相似。他們不怎麼引人注目，朋友也不算多，但有時候會表現出出人意料的幽默感，會對心愛的人表現出奉獻精神。

►AB型摩羯座

AB型摩羯座喜好詩或哲學，學者氣質比較濃厚，他們誠實、穩紮穩打、性格質樸，喜歡順其自然的生活方式，不喜歡過於功利的人際往來，但會有幾個志同道合的親密好友，他們會對自己的專業擁有持久的熱情，是B型金牛座的最佳拍檔。

健康小站

金牛座的人一旦遇到棘手的工作，只會埋頭拼命苦幹，而忘記了健康和休息。在月底或年底，金牛座往往以以忽略健康作為代價而換取工作上的成績，是一個徹頭徹尾的工作狂。

B型金牛座的人大都體質良好，對疾病有足夠的抵抗力。但在中年之後，會因運動不足或肥胖造成身體上的諸多不適。B型金牛座又因為熱愛美食，生性懶散、不愛運動，本來就是肥胖高危險群的你，往往年紀輕輕時身材就已經走樣。所以，為了自身的健康，一定要儘快制定一套健身計劃。

B型金牛座比較容易患上的病是扁桃腺炎、糖尿病等。

B型╳雙子座

性格分析

　　B型雙子座的人開朗明快、頭腦聰慧、行動迅速、積極進取、多才多藝、富有教養。如果你是一個典型的B型雙子座，那麼你一定是個好奇心特別重的人，你的探險慾望非常強烈。對自己感興趣的事情勇於親自嘗試，同時你的興趣非常廣泛，對於一些新奇事情總是打破砂鍋問到底。

　　你非常好動、愛說話，要你安靜下來不動比登天還難。對於突發事件，你擁有非常靈敏的應變能力，而且你的觀察能力也相當敏銳，很少會鑽牛角尖。

　　你身上最大的優點是能屈能伸，一時的失敗絕不會讓你屈服。你冷靜、理智，無論遇到再重大的突發事件，仍然能保持客觀的分析能力，並做出正確的判斷。你的性格可說是知性重於感性，理智勝過情感。如果深究B型雙子座的內心，你將會發現奇妙的一件事，在你如此果斷的個性中，竟然也隱藏了優柔寡斷的一面。原因是可能在於你過於客觀，在分析事情時，很少流於偏頗，肯定一事的正反兩面，也正因如此，你往往難以決定取捨。

溫馨小提醒

你的能力與聰明在人群中很突出，有時候還是低調一點好。

雙子運勢

B型雙子座沒有大運氣，卻小運不斷，因此可在小運氣的護衛下平穩順利地度過一生。

如果你是學生，透過平時的努力能獲得很大的回報。如果你是上班族，隨著就業年齡的增加，運氣會越來越好。B型雙子座有不動產方面的小運氣，可以立即找到適合的房屋。

陷入最危險的狀態時，B型雙子座會比較急躁，毫不考慮周遭狀況，這樣很容易嚇跑好運氣。所以，任何時候，B型雙子座都應該保持一份平和的心態，這樣才能贏得運氣的青睞。

溫馨小提醒

慎重行動，與其在短期內求得結果，不如將眼光放遠。

職場命運

擇業如同擇偶，選擇正確的職業對B型雙子座的事業，甚至前途和命運，有著舉足輕重的作用。所以，在擇業時，你一定要做好長遠的規劃。

對B型雙子座的人來說，選擇了一個適合自己職業，會越做越有勁，將來的事業發展前景良好；而選擇了一個不適合自己的職業，就有可能一事無成，或者事倍功半。按照你的性格，平凡的工作根本無法令你滿足，甚至可能埋沒你們難得的才華。但你有時候會因為過於追求新鮮的事物，而把一些本來很不錯的工作丟掉。總之，你在擇業時遇到的選擇很大，矛盾也很大，注意不要太追逐新鮮，一定要根據自己的實力、特長與喜好，選擇最適合你的那個行業。

溫馨小提醒

多面的嘗試絕對有利於你，但一定要均衡好其中的利弊。

贏在職場

B型雙子座的你，如果能在本業之外，再從事一些副業，則不僅副業能做得不錯甚至連本業也能跟著發達起來。如果你擁有多種工作，你都能以靈巧的方式應付得宜。因為你個性開朗，很容易就能與人打成一片，又喜歡旅行，到各地去增廣見聞，也樂於和別人分享知識，再加上你語言表達很強，不論是外語或是溝通能力，都足以讓你走遍世界各地，所以從事旅遊業如做旅行文學作家、導遊等應該是一個不錯的選擇。

另外，你吸收能力極強，新聞記者、廣播、公共關係、資訊媒體人及業務推銷，都比較適合你。和語言有關的其他職

業，也可以考慮，例如，廣告方案設計、編輯、律師、播音員、甚至翻譯工作都相當適合你。不過千萬要記住，選擇更好的工作環境需要經過周密的規劃，隨意地地轉換職業則會妨礙你成功。

你不適合從事刻板，甚至需要一個面對孤獨的工作，比如研究工作、司機、手工藝、公務員、銀行員等等，這些保守而無趣的工作，無法讓你一展才華。

溫馨小提醒

適合你的工作很多，但不是工作選擇你，而是你選擇工作。

社交技巧

作為Ｂ型雙子座的你，能夠非常巧妙地借助外部條件說明自己達到目標，並且掌握得當。同時，你的處事方式十分圓滑，又不失原則，確實是無人可及的「兩面人」。

你的頭腦非常靈活，學得快也記得牢，對於新知識掌握得快而且準。你擁有得天獨厚的口才和文采，常可以把所學融會貫通，再以不凡的口才傳達給別人，往往比原來事物本身更加生動精采。而且，你既機智又幽默，是個很受歡迎的演說者。有人這樣形容，如果Ｂ型雙子座的人當推銷員，甚至能說服和尚買梳子，口才之好可見一斑。

此外，Ｂ型雙子座還有隨和的特點，「隨和」與「善交際」兩者的結合，使你相當容易建立良好的人脈關係。

適度收斂一下自己，以免遭人嫉恨。

財富密碼

　　B型雙子座的財運特徵與很多血型星座不一樣，你從事副業將可招致財富，甚至副業所賺的錢比本業還多，這是一種很奇怪的現象。

　　對於金錢，你是慷大方的，在本質上你厭惡吝嗇小氣的人。在你看來，錢財根本是身外之物，過分重視，無疑是一種俗氣的表現。當然，對那些沉迷於金錢遊戲之中的人，你也不屑與之交往。

　　你賺錢相對容易，但花錢也快得驚人，不過幸運的是，你天生擁有一個會精打細算的腦袋，雖然出手大方，但還算懂得節制，不致把老本都花光了，讓基本的生活失去保證。因此，你的財運雖然流動性大，但不安定的因素並不嚴重。

　　良好的人際關係對你很重要，好的人緣能給你帶來很多賺錢的機會。因此，廣交客戶、善交朋友，保持良好的人際關係對你來說相當的重要。聰明的B型雙子座，靈活變通，可以嘗試一下股票投資，運勢不會太差，相信能大有收穫哦。

人際關係與投資，能給你帶來不錯的財運。

戀愛攻略

B型雙子座的你，屬於理智型的情人。或許由於雙重性格的原因，在你的情感世界裡，存在著「冰火」兩重天，對待情人有時候熱情得像火，有時候又冷漠得如冰。對待情感，你總能很客觀地進行分析，絕不會盲目地行動。你擁有敏銳的觀察力，很容易洞悉對方的心理，所以有時候你完全站在旁觀者的立場去透視自己的愛情。

B型雙子座的男性對待愛情的態度就像一場遊戲，你像玩家一樣，總想嘗試各種不同的遊戲，所以頻繁地換情侶在你看來是一件非常正常的事情，與道德無關。因此，你的愛情很難持久，當激情消退，神祕感消失，你便會厭煩這份感情，而目光也會很快轉移到其他異性身上。事實上，你正是人們常說的「花花公子」。

B型雙子座的女性往往很受異性歡迎，總有很多男性拜倒在你的石榴裙下。除非對方真正地打動了你的心，你才會為他意亂情迷。否則，你冷若冰霜，絲毫不為對方所動。一般的愛情的模式，總能無法讓你感到滿足。在你的內心某處，甚至討厭異性，你所追求的是超塵脫俗的聖潔之愛。不過，需要注意的是，不要太理想化了，現實點才會更容易找到適合你的另一半。

不喜歡膩得像糖一樣的愛情，如果對方是個「口香糖」，你往往會覺得厭煩。對於愛情，你總是乾脆俐落，愛與不愛，總是很爽快，所以即使失戀了也不會特別傷感與痛苦。失戀之後，會很快地追求下一個目標，你的轉變之快，往往令人難以

捉摸。不過，只有你知道，你所做的一切，只是不想讓自己傷得太重，你的態度是你療傷的一個方法。

在雙方相處上，你總是表現得獨立而理智。對情侶的獨佔欲不強，更是很少吃醋。在雙方交往上，會給對方和自己保留相當大的獨立空間。你覺得無論是自己還是對方都有選擇最適合自己的情人的權利，更換情人是再正常不過的事情。自由戀愛，無牽無掛是你談戀愛的最高宗旨。

你比較容易與相同圈子裡的異性結為連理。你們約會最理想的地點是可以一邊用餐一邊交談的地方。對你來說，表達愛意時，電話的效果遠遠比書信來得好，你希望自己的言語能加深對方的印象。不過你往往在緊要關頭往往缺乏勇氣，有時候會因為胡思亂想而不知所措。

在性方面，你相當早熟，甚至在小學高年級階段便有所瞭解。但是，你會把性與愛分得很清楚，更不會因為性關係而喪失了理智。在本質上，B型雙子座的你可以說是性欲不強，通常都是能以理智控制情感。

溫馨小提醒

把愛情看成一項「計劃」而實行，很難讓你品嘗到人世間最美的愛情。

婚姻家庭

對B型雙子座的你來說，在年輕的時候，對婚姻和家庭的有過排斥，甚至是個單身主義者。但是，B型雙子座的人最後

能保持單身的非常少。因為你有強烈的好奇心，當到了一定年齡後，你想嘗試一下有婚姻和家庭的感覺，於是往往因為一時衝動便走入婚姻殿堂。自始至終，你都是抱著試試看、不合則分的心態。因此，B型雙子座的離婚率也偏高。所以，建議B型雙子座的你儘量晚婚，等到你的心態、情感較為成熟沉穩時，你的婚姻才會更加美滿長久。

與「結婚狂」相反，你對婚姻的態度是「停靠站」，在路過時可停可不停，有時會怕因為停下來而影響你整個人生的自由與瀟灑。在你看來，只要路上有幾個知心好友相伴，你就覺得甚為滿足，此生無憾了。就算因為家庭、心理各方面的壓力，你會選擇結婚，但是你從不會在意婚姻形式，覺得這只是需要一個結果罷了。因此，如果你真的準備好要結婚了，你將會選擇能接受你生活方式的異性，而且你的要求是不要對兩個人的未來存有太高的期待，否則，你會覺得違背了自己的內心，感覺壓力很大，甚至有喘不過氣的感覺。

如果你有孩子了，你對待孩子的態度會是如朋友般的貼心，非常自由而真誠，不會擺家長的架子。同時，有了家庭後，還是非常熱愛結交朋友，跟朋友相處的時間往往會佔據你的許多家庭時間。你的生活熱熱鬧鬧，家庭生活洋溢著一股率真而自由的氣氛。

溫馨小提醒

為了家庭生活更加美滿幸福，你最好能選擇「志同道合」的伴侶。否則，婚姻對你來說就是一種折磨。

最佳速配

►B型獅子座

B型獅子富有才幹，有領導氣質。他們膽大心細，態度積極，主動思考，做事情極有效率，因此深受年長者的信任。他們與B型雙子座結合，屬於一種「強強聯合」，很讓人期待。

►AB型射手座

B型射手座興趣廣泛，富有好奇心，熱愛四處活動，精力充沛，凡事都想親身體驗，對待異性很溫柔，但也會給人花花公子、花花女郎的印象。由此看來，AB型射手座與B型雙子座比較「一拍即合」。

►O型水瓶座、AB型水瓶座

這兩種類型的人都有著旺盛的求知欲，充滿著現代感，他們對任何新穎的事物都帶有強烈好奇心。剛剛認識時，B型雙子座雖然難以掌握他們的性格，但是長久交往之後，會驚訝地發覺彼此情投意合。

健康小站

B型雙子座的神經系統功能比較弱，體質比較敏感。如果有邊吃飯邊趕工的壞習慣，就很容易患胃腸消化不良症，可能常常出現拉肚子、便祕、胃痛、脹氣等問題。

B型人一定要注意協調好工作與生活的關係，因為「事業還沒成功身體早已病弱」這種情況是你不願意看到的。比較容易患上的疾病是神經痛、肩膀痠痛、肺炎等。

B型×巨蟹座

●●●●●●●
性格分析
●●●●●●●●

　　B型巨蟹座的你興趣廣泛，愛幻想，想法奇特，好奇心重，並擅長表現自己。你一旦有了奇怪的想法，就恨不得馬上去實施，所以你的行為舉止經常讓人瞠目結舌。在很多比較嚴肅的人的眼中，你是一個「有點奇怪的人」。不過，你深受一些同樣喜歡「標新立異」的朋友們的歡迎。

　　你單純質樸，開朗直爽，不拘泥於小事，富有浪漫氣息。在跟朋友交往時，你往往非常真誠，並希望與對方推心置腹，和對方做親密的朋友。友誼對你來說是非常重要的，沒有朋友你便會覺得孤單難受。雖然你渴望友情，但是除非是相處已久的朋友，否則你不會輕易對陌生人敞開心扉，接納新的友誼。在你的性格中，有時候對人非常熱情，有時候又表現得非常冷淡，所以，有點讓人捉摸不透。

　　你有非常有個性，有很強的保護欲，對於家人跟所喜歡的人有一股想好好保護對方的衝動。在與親朋好友的相處當中，你通常比較關心對方的健康狀況。你富有愛心，對新來的同學、同事往往表現出長輩般的關心與指導。由於你的感情極為

豐富，因此在考慮事情時難免不夠理性，做起事來比較情緒化。對於比較有爭議的話題，你會試著去瞭解，但到最後總是迷迷糊糊、分不清情況。

因為你對環境的適應性比較強，所以無論在任何狀況之下都有堅強的生存意志，絕不會屈服於環境，被現實所壓倒。

> 有時候，也要學會保護自己。

巨蟹運勢

幸運之神一般只眷顧投身於自己的專業或特別感興趣的事物上的人，B型巨蟹座就有這個運勢。如果能把學生時代就培養出來的興趣堅持下去，並當做事業來經營，那麼你天生的才華加上運勢的幫助，將很容易出人頭地，很有可能獲得巨大的成功。另外，你對工作總是忠實而勤勉，會獲得上司和同事的信賴。

> 你必須切實瞭解自己喜歡什麼，對什麼事物感興趣，這是獲得幸運的關鍵。

職場命運

據對B型巨蟹座能力的分析，你與其挖空心思成為某個事業的開拓者，還不如走在他人已開發好的道路上更容易一些。

整體來說，你比較擅長於扮演輔佐的角色，也具有卓越的實務經驗，從事大眾化的職業是成功的關鍵。

B型巨蟹座男性觀念相當保守，而且想要改變你原有的生活方式，是不太可能的。你這樣的個性，使你對職業、社會和國家永遠忠心耿耿、矢志不渝，是企業裡難得的榜樣員工。所以事業運勢不錯。

B型巨蟹座女性的事業運勢就沒那麼好，往往是家庭運勢站在事業運勢的前面。所以，如果你非得把工作排在第一位，反而會破壞後者的運勢。所以，順其自然，不要刻意尋求事業的運勢，家庭如果幸福美滿的話，也算是對失意事業的一種彌補。

溫馨小提醒

失之東隅收之桑榆，這是對B型巨蟹座女性事業運勢的最好概括。

贏在職場

從事衣、食、住、行等相關行業，對B型巨蟹座來說是不錯的選擇，因為就你的事業運勢來看，這些行業可為你帶來一筆財富。你適宜選擇與大眾有直接關係和接觸的工作，或者能發揮你天生細膩感情及關心的工作，這樣才會表現得特別突出。舉例來說，如果你經營商店，那麼你適合開那種兼顧各種年齡層顧客的店，如食品店、服飾店、超級市場等，而那些高級店、專賣昂貴稀少珍品的店就不適合你。

你的創造力和策劃能力不是很強，所以創業不是很適合

你，你比較適合從事公司裡實務方面的工作，例如總監、人事經理等。如果你是B型巨蟹座的女性，可以選擇美容美髮業，開一間美容屋或化妝品專櫃，都是不錯的生財之道。另一個選擇是以孩子為方向，例如，幼稚園老師、童裝設計師、玩具設計師或者保姆等。如果你的外語能力不錯，兒童外語也是個極佳的選擇。

整體來說，能讓你成功的職業是社工、臨床心理師、總務、會計、食品公司，值得一試的職業是室內設計、服裝業、美容業、餐飲、保姆等行業，千萬別試的工作是企劃、律師、大眾傳播、金融、廣告文案等。

溫馨小提醒

> 要突破自我，就不要只注意身邊的事，建議你擴大視野，這樣人生的旅途將會更加廣闊。

社交技巧

B型巨蟹座的你，不喜歡天花亂墜，也不喜歡擺架子，跟人交往，往往是快人快語，毫不扭捏做作，對待周圍的人和事都十分關心。你具有同情心，不忍心看到別人遭受不幸。但是，你在表現對別人的關心時，不見得會表露在臉上，是個嘴硬心軟、口是心非的人，一般來說B型巨蟹座的你堪稱是大家所敬愛的典型樸實主義者。所以，和你交往時間比較長的朋友都非常喜歡你，你的人緣非常好。

另外，你比其他星座的人都講究人情，所以容易在工作或

交際中流露出偏袒親友及利己的本性，這個毛病必須改掉。適合你的最佳的社交方法是迅速結盟，尤其是興趣相投、性格相近的朋友合作的話，更能讓你的個人才華得以展現。另外，感情用事、主觀意識強都將是你的致命傷，務必要改進。

溫馨小提醒

偏袒他人有時會讓你失去更多。

財富密碼

B型巨蟹座的你，擁有很卓越的金錢觀。由於生活安定方面的要求，所以你時刻會為家庭生計做打算。儲蓄是你的一個良好習慣，你不太會亂花錢，存錢觀念很強。因此，大致上來說，你的財富會和你的年齡成正比，愈上年紀，你的財富累積就愈多。你的晚年生活富足安康，不用為生計而發愁。

但是，或許是因為太節省了，你平日捨不得花大錢買品質上乘的東西，碰到降價處理的東西就買一大堆，但往往中了商家的計謀買了一大堆不適用的東西，形同浪費，這種行為確實得不償失。還有另外一個原因，因為你平常捨不得的消遣娛樂，但壓抑過久有時會由於一時衝動而爆發消費衝動，把好不容易節省下來的錢一股腦全花光。如果你的個性中有此傾向，那麼你的財富累積就會受到很大的影響。

在財運中，沒有投機、冒風險的好運，所以你沒有一夜致富、成為大富翁的可能，你的生財之道還是選擇風險小的方式較為妥當。

溫馨小提醒

「投機取巧」的事情不適合你，以免「賠了夫人又折兵」。

戀愛攻略

　　大致來說，Ｂ型巨蟹座的你對談戀愛是非常認真的，談戀愛是以結婚為目的的，所以，你對伴侶的選擇非常認真和嚴格，希望找到一個家庭觀念跟你一樣的對象。因此，你尋找伴侶的時間往往比較長。

　　你比較多情，但因為性格上的小心謹慎，所以談起戀愛來總是居於被動的地位，而且一般情況下你不會交出自己的真情。Ｂ型巨蟹座中，有一部分人會喜歡上成熟滄桑的人，因為你總覺得歷盡滄桑、感情經驗豐富的人一定會更加懂得珍惜來之不易的感情。

　　另外，Ｂ型巨蟹座的你有單相思的傾向，明明已經喜歡上對方，但是總不敢表達出來。你以為自己的一些行為舉止能讓對方明白你的情意，結果到頭來對方竟和別人走上了婚姻的紅地毯。你的沉默，讓對方無法摸清你的心思，雖然對方也曾經以為你會追求他（她），但你的不積極、無作為反而讓對方生氣，繼而投入別人的懷抱。本是一段美好的姻緣，可是因為你的沉默與膽怯，就這樣錯失了，令人扼腕歎息。

　　如果你是Ｂ型巨蟹座的男性，那麼，你所愛慕的對象往往是賢妻良母型的傳統女性。你談戀愛的方式也往往與眾不同，

別人是花前月下、浪漫無比，而你總是喜歡帶著她回家見父母，或者四處拜訪親朋好友，希望得到親友的肯定與祝福。你希望彼此認同對方的家人，成為家中的一份子。

如果你是Ｂ型巨蟹座的女性，那麼你的心態與方式基本和同血型星座的男性一樣。你喜歡到他家裡做客，並親自下廚為他們家裡人挽袖下廚。

你對待性的態度相對保守，不會接受沒有愛情的性行為，覺得只有你自己深愛的人才值得你獻身。你們一旦兩情相悅了，那麼在性生活上會變得大膽而熱情。

溫馨小提醒

浪漫不需要花很多錢，重要的是你們的感情。

婚姻家庭

Ｂ型巨蟹座的人是傳統的好丈夫、好妻子，腦海中有很深的「男大當婚，女大當嫁」的傳統觀念，所以大部分在適婚年齡時便各有嫁娶，極少人會晚婚或抱著單身主義的想法。值得一提的是，你比較聽從家裡人的安排，相親對象往往是家裡人安排的，萬一家裡人對你的結婚對象不滿意，那麼你也會遵從家裡的意見而放棄對方，因為你不願自己的婚姻有任何陰影存在。

婚姻家庭對你的人生、事業有重大的影響，結婚後，你會比單身時更努力工作，更認真地生活，個性也變得更加收斂、沉穩。Ｂ型巨蟹座的你，擁有一個很大的優點，那就是對愛人謙讓、寬容，當你們兩人有分歧時，最後退讓的一定是你，因

為你不願意為了沒必要的爭執而破壞你看重的溫馨和睦。

　　B型巨蟹座的男性是一個非常稱職的丈夫。你是「準時回家」的忠實擁護者，雖然你有時候也有貪玩的念頭，但非常有尺寸。加班或應酬時，你總忘不了給她打電話做報告，而夜不歸宿這種事情鮮少發生在你身上。出差時，你總是一天往家裡打幾個電話。在相遇、結婚等紀念日，你一定不會忘記表達你的情意。你的錢包裡總有你們一家的合影，逢人便訴說家庭的種種幸福，經常讓同事羨慕不已。

　　如果誰娶到B型巨蟹座的女性，那是一種幸運。你非常愛家、顧家，結婚後如果經濟條件允許，你會辭去工作，在家專心地相夫教子。家中一切都被你收拾得井然有條，家務做得非常棒。很喜愛孩子，但要小心別過分溺愛了。

　　值得注意的是，B型巨蟹座的人到了中年之後，會有外遇的想法，但家庭傳統觀念很強烈，很少有敢冒險的。

溫馨小提醒

千萬別讓外遇破壞了你苦心經營的幸福家庭。

最佳速配

▶B型處女座或O型處女座

　　處女座中的B型和O型與B型巨蟹座很合得來，處女座擁有典型的傳統的家庭觀念，他們生性柔和，體貼他人，不會四面樹敵，當雙方擁有共同興趣時，和B型巨蟹座是能組成非常幸福、和睦的家庭。

►O型巨蟹座或AB型巨蟹座

這兩類人平時給人感覺似乎難以親近，一旦深入地交往後，就會發現並非如此。這兩類人能處理各種事務，也具有同情心，凡事三思而後行，也是B型巨蟹座的最佳人選。

►O型雙魚座

O型雙魚座與B型巨蟹座志趣相投，能相處得很好。

健康小站

巨蟹座喜歡為別人準備美食，自己也嗜食美味佳餚，但卻不知節制，容易以暴飲暴食的方式來滿足自己，使得胃腸負擔過重，導致消化器官毛病連連。所以給B型巨蟹座的建議是不要過量飲食，適度運動，小心肥胖和骨骼老化。比較容易患的病是胃下垂、消化不良、拉肚子等。

B型×獅子座

性格分析

B型獅子座的你，個性非常突出，擁有吸引他人的神奇魅力；你天生外向，樂觀堅強，自我意識很強；思想極富彈性，行事鋒芒畢露，經常成為人群裡令人矚目的中心人物；你無法

安靜地等候，行動力非常強，屬於行動遠比思考快的人；你不欣賞平凡的人生，生來就是在追求不平凡。

你野心非常大，很看重權力與名譽，無論在什麼時候都能表現出卓越的競爭力。

正是性格上的原因，你無論做什麼，總是表現得出類拔萃，讓人刮目相看。B型血的人，多半興趣都比較廣泛，而獅子座則不然。

B型獅子座的你，為了達到既定的目標，刻意縮小自己的興趣與愛好，心無旁鶩地朝著目標奮力前進，不畏懼所有的困難與阻礙。即使失敗了，也有再度站起來的信心和勇氣。

B型獅子座的人，度量與氣魄很大，很少會為雞毛蒜皮的事情而大動干戈。同時，你非常有主見和膽識，在人群中經常扮演領導人的角色，也經常能得到很多人的擁護。

你看起來如獅子般獨立特行，但是在你的內心深處很懼怕孤獨。在看似倔強的個性中，有著天真、頑皮的一面，事實上甚至可以說這正是你最可愛、最具魅力的一面。

不過，有部分獅子座因為太過於自我為中心，常常表現出任性與驕傲，這常常也是你被人所詬病的原因。所以，在日常生活中切記要克服這些弱點。

想成為真正的王者，一定要遠離驕縱與狂妄。

獅子運勢

在大家眼中，獅子似乎擁有與其性格相一致的運勢，但恰恰相反，B型獅子座缺乏爆發性的強大運勢，一生之中很少發生天上掉餡餅的好事。不過，也很少發生不好的事情，人生大致上是穩定而順利的。

要記住的是，不要過於追求不切實際的夢想，踏踏實實、一步一腳印，更能讓你遇上好運氣。無論與同性還是異性，你們的關係都處得非常良好，身邊更不會出現惡意詆毀和中傷你的人。在學習或工作中，你總能獲得朋友們提供的中肯的建議。要切記，你的好運與你的努力有關，必須持續踏實地努力才能獲得成功。

溫馨小提醒

好運只青睞那些持續努力的人。

職場命運

B型獅子座的你，職業運不錯。雖然你的工作經常變換，但是成功的希望還是非常大。你討厭被他人牽著鼻子走，而喜歡堅持自己的主張。你把工作看得比生活、婚姻還重要。越是困難，越是能激發你奮鬥的慾望。你很好強，絕不在他人面前表現出懦弱。

依據你的個性，你不可能心甘情願地當一輩子領薪階級的

小職員。你獨立而卓越的能力，大膽冒險的性情，加上極強的策劃組織能力，使你很有條件經營一家屬於自己的公司，開創自己的事業。除了創業外，那些能充分發揮才能、氛圍相當自由的工作也很適合你。此外，應該避免從事單調、重複、乏味的工作，因為那可能會磨滅你的朝氣，使你意志消沉，無法激發你的職業運。

溫馨小提醒

你的職場命運在於開拓，請在這方面果敢一些吧。

贏在職場

由於你天性樂觀，創造力不俗，很能掌握時代尖端的最新資訊，因此，你可以選擇大眾傳播或廣告策劃等新興的行業。如果你的藝術天份得以發揮，演藝事業也是個不錯的選擇。另外，值得你嘗試的職業有藝術創作、推銷員、寶石鑑定、服裝設計、金融、推銷、經營餐廳或飯店管理等。

總之，B型獅子座的你應儘量別勉強自己從事死板的實務性工作。經營自己的事業時，則應謹記切勿擴充太快，穩健踏實才是成功的最佳途徑。

溫馨小提醒

無論從事什麼職業，踏實穩健都是你成功的重要因素。

社交技巧

B型獅子座的你天生懷抱著崇高的理想，能夠為周遭的人全力以赴，發揮旺盛的生命力，你對弱者有慈悲心及同情心，願意為弱者或正義而戰，所以在社交中你往往很受歡迎。

你本質陽剛、心胸開闊、光明磊落、不拘小節，但同時也有固執、傲慢、獨裁的一面。所以，也有一部分人不喜歡你。需要特別注意的是，你坦誠正直、對朋友直言不諱，但由於自尊心過強所以難以接受他人的意見和批評。你這種過於自負的態度難免會得罪一些朋友。所以，面對不同的人你要學會改變自己的社交態度，對強者你可以表現自己強勢的一面；而對待弱者，儘量表現得親切一點，讓你的愛心為你贏得受歡迎的籌碼。

溫馨小提醒

> 學會換位思考，才能贏得更多人的認可與贊同。

財富密碼

B型獅子座的人賺錢慾望非常強烈，在關於財富計劃上，腦筋非常靈敏，很擅長制定大規模的賺錢計劃。而事實上，B型獅子座成功的機會很大，能賺到不少錢。

不過，B型獅子座似乎從沒考慮過儲蓄這件事。你總認為，不能讓錢在銀行裡腐爛，而應該讓錢滾錢。你通常把賺回

來的錢作為其他的工作或事業的投資，是個典型的企業家型的人物。不過，財運時好時壞，運氣好時能賺上大大一筆，運氣差時會敗得一塌糊塗，甚至虧損連連、債務纏身，這是B型獅子座的人在做生意時經常碰到的情況。

除了會賺錢，也特別會花錢，日常生活開支非常大。不過，即使是把錢花得精光，你還是有本事把它賺回來。你之所以比別的血型星座更熱衷於追求財富，最主要的原因，不是為了存下大量的財富，而是為了追求和享受由財富帶來的地位與權勢。整體來說，如果你想保證自己的財富不「來去匆匆」，那麼你最好購置不動產。此外，你的財運雖佳，但是卻沒有投機的好運。

溫馨小提醒

地位與權勢只是過眼雲煙，又何必太在意呢。

戀愛攻略

B型獅子座在談戀愛時，往往會出現兩種極端的類型，一種是早婚，而另一種則是樂於享受快活的單身生活。

你交往廣闊，可選擇交往的異性朋友也很多，所以你的戀愛經驗可說是相當豐富。B型獅子座的你，心中充滿了熱情和愛意，所以談起戀愛來是轟轟烈烈的。對你來說，你的軟肋是花花公子型或公主型的異性，一旦碰到他們，總會招架不住。

在熱戀階段，會全身心投入，無時無刻不在思念著對方，甚至到了魂牽夢繞的地步。但是，卻不會因此而感到煩惱或困

擾，因為無論你有什麼想法都會大膽、勇敢地向對方表白。

按照你的脾氣來說，你絕不會因為追求伴侶而卑躬屈膝。尤其是男性，雖然會為了追求對方而無所不用其極，但是絕對不會為了對方而做出下跪、有損自尊的事情。在你的觀念中，談戀愛是兩個人的事，需要雙方互動，不能停留在單方面乞求對方的施捨上。因此，兩人完全站在平等的地位。

如果你被對方拒絕，也不會因此喪失信心或放棄，通常會產生更強烈的追求對方的決心和信心。尤其是B型獅子座男性，認為如果還有一絲希望，就一定不會放棄對方。究其原因，一方面是B型獅子座很自信，自認為各方面條件不錯；另一方面，則是覺得越不容易追求的對象，越具有神祕的吸引力。

在雙方沒確定戀人關係之前，B型獅子座男性出手非常大方，為了贏得美人心，甚至會不惜花費鉅資購買貴重禮物送給對方，顯得有些盲目衝動。B型獅子座的人，無論男女，一旦和對方確立關係，便會展開不凡的戀情，約會次數非常頻繁，而且去的地方多半是氣氛好、消費高的高級餐廳。性格使然，你和對方談戀愛時希望能支配對方，讓對方聽從你的意見。

B型獅子座的人，無論男女，對待性都採取開放的態度。有些男性，甚至認為性是只不過是一種遊戲。

在此要提醒你，和對方相處時，不要光想著自己的感受，而要多為對方著想，多一點換位思考，多一份溫柔體貼，這樣才能讓你們的戀情更長久。

溫馨小提醒

戀愛時，將心比心絕對是最重要的前提。

婚姻家庭

　　B型獅子座在選擇結婚對象時，考慮得最多的是「性格是否相合」，其他問題則不在你的考慮之列。在你的觀念中，覺得兩個人性情相投、互相理解是最重要的，如果兩人經常意見不合、溝通不順利，那麼婚姻一定會出現問題。所以，對B型獅子座來說，這些情形往往是導致離婚或分居的原因。另外一件促使你離婚的因素，就是B型獅子座的人都很獨立自主，一旦雙方不合，便決意離婚，毫不依戀之心。

　　B型獅子座，無論男性還是女性，婚前大都過著逍遙自在的日子，可一旦結婚了，便又相當有責任感。男性覺得應該給妻子一個安全、幸福的生活；而女性則希望自己能成為丈夫事業及精神上的得力助手，除了把家務事處理好，還經常能給丈夫的工作和生活給予很多好的建議。所以說，婚姻是B型獅子座人生的分水嶺，他們婚後會變成截然不同的一個人。

　　對B型獅子座的女性來說，如果婚後你必須跟婆婆同住，那麼婆媳問題對你會形成不小的心理負擔：一方面是因為你婚前比較自我和任性，跟長輩共同生活，會讓覺得拘束、沒有自由空間；另一方面，你非常自主，覺得生活上的事情最好能按自己的方式來處理，但是老一輩的意見和你基本上完全不同，會讓你覺得受束縛，沒有發揮才能的餘地。換句話說，你喜歡

大權在握,如果能和婆婆的個性形成互補,那倒也相處得非常愉快,若不幸遇上同樣有個性的頑固的婆婆,那麼,你們之間必定會有不少矛盾產生。

　　對B型獅子座的男性來說,雖然婚後會變得很有責任感,但是並不願意時刻受到家庭的羈絆。你在工作之餘,喜歡自由自在的生活,如果家務事太多會讓你煩惱不已,有時甚至會為了擺脫這種狀況而夜不歸宿、藉故逃避。B型獅子座的男性,雖然不喜歡複雜瑣碎的家務事,但對妻子還算十分體貼,比較聽從妻子的意見。工作上生活上的事情,也會跟妻子討論,徵求她的意見。但是,對妻子絮絮叨叨的家常話,卻並不十分樂意傾聽。所以,如果你嫁給了B型獅子座的男性為妻,那麼就得學著放寬心胸,保持樂觀的心情,最好不要和他絮叨那些家長里短的事。

　　對B型獅子座的女性來說,你也不甘於在家當個只會做飯洗碗的黃臉婆。一般來說,你婚後仍會堅持工作,希望能跟丈夫平起平坐,有平等的經濟和家庭地位。

　　婚姻不只是一種責任,還需彼此用真情去經營。

最佳速配

▶B型射手座

B型射手座擁有B型獅子座所缺乏的獨特才能,所以對B

型獅子座來說具有無形的吸引力，在性格與能力上能形成一種互補。

►B型摩羯座

B型摩羯座行動力強，頭腦靈活，比較有想法，可在B型獅子座遇到煩惱或挫折時給予適當的建議，所以可以成為B型獅子座比較信賴的伴侶。

►AB型射手座

AB型射手座坦率樂觀，喜好運動，富有責任感，臉上經常帶著笑容，很幽默，這些性格都是深深吸引B型獅子座的地方。

健康小站

B型獅子座擁有令人羨慕的健康。在沒有過度勞累的情況下，B型獅子座的人無論飲食還是睡眠都非常好。B型獅子座富有活力，對疾病抵抗力非常強。但是，B型獅子座因為自恃體質好，因此有經常加班、過度操勞的傾向，再加上不善於健康管理，就導致容易生病。

為了讓自己的心臟更強壯、體型更漂亮，B型獅子座切記食物儘量簡單化，可以多吃橄欖油料理、海鮮大餐，還可以經常小飲紅酒，這樣可以降低心血管疾病的風險。

你也可以嘗試針灸、草藥、按摩。如果經濟條件許可的話，也不妨與情人一起到溫暖的南國地帶旅遊，曬曬太陽、放鬆心情，這樣對你身心非常有好處。發生你身上的常見疾病是心臟病、動脈硬化、高血壓等。

B型×處女座

性格分析

我們知道，B型人樂觀直率、行動積極，不過有時計劃不夠周密、態度不夠謹慎。而處女座的人，做事非常有條理、計劃嚴密而謹慎，有時一板一眼略帶神經質，最厭惡半途而廢、有始無終的人，他們常常為沒有達到盡善盡美而感到內疚和不安，總是試圖將自己的激情和衝動置於理智的控制之下。由此可見，B型人與處女座之間存在著截然不同的特徵。那麼，B型處女座的你，性格到底是什麼樣子的呢？

你的性格既帶有B型人的特徵，又帶有處女座的特點，概括來說，你擁有矛盾衝突的性格。所謂矛盾衝突的性格，就是指這些對立的性格，時時在你的心中「激戰」，使你做事時左右為難，經常會對自己的行動產生懷疑，讓你心煩意亂、猶豫不決。

你給他人的第一印象是樂觀、快人快語、容易相處，而事實上，你的內心卻是謹慎的。例如，有些朋友經常會毫不保留地和你分享他們的工作、戀情，而你卻鮮少把自己的事告訴他們。

對於工作，你是絕對的認真，規規矩矩地完成它，甚至在內心已形成要求，沒有親自完成它，內心就會很不安；但在日常生活中，你就表現出完全不同的個性，丟三落四，懶懶散散。雖然，你經常提醒自己要放鬆一點，不要太在乎細枝末節，可是，你內心放不下的東西實在是太多了。你放不開規矩和教條的束縛，你的心靈沒有得到預期的解放。

你有一個很突出的特點，就是求知慾旺盛，是個非常用功的學生和員工。你對未知問題總是興趣滿滿，總想仔細分析研究。你對細小的問題能掌握得很好，但是在需要抓住提綱挈領的大問題上，就顯得力不從心。有時，你對事情的看法會因分析過度而拘泥於細枝末節，十分放不開。

「好辯」是你的缺點之一。你對事情的分析能力很強，對於認可的事情，你總能分析得頭頭是道；而對於不屑的事，往往批評得體無完膚。在你的內心深處，總是希望美好的東西更加完美，而不完美的東西總是力求去做完美。對你這種苛刻，身邊的很多朋友往往受不了，所以如果你不適當控制一下自己這方面的缺點，會導致你失去很多朋友。

另外值得一提的是，處女座的人大多有嚴重的潔癖，衣食住行甚至要做到一塵不染，這也是你讓很多朋友望而止步的原因。

凡事不要太過於斤斤計較，以免遭人學究之譏。

144

處女運勢

B型處女座的運勢很好,在發生不好的事情時,總能遇到貴人,或者自己的靈機一動的想法能幫自己走出困境。不過,這種運勢的變化非常快,也許就在你慶幸有好運時,隨即會陷入厄運之中。

另外,B型處女座有其他血型星座所沒有的持久耐力,在別人打退堂鼓時,你往往能堅持到底,這也是你能掌握住很多運勢的原因。

不過,有時你會因為對任何事都做了太仔細的分析,考慮完細枝末節才採取行動,往往會讓你錯失了許多機會。如果,你能在一些簡單的事情上,學會斷然付諸行動,那麼你的人生運勢會更好。

溫馨小提醒

果斷行動,沒有比這更好的方式更能讓你獲得好運勢。

職場命運

B型處女座的你具有處女座在實務方面的卓越能力,所以計算方面的能力相當不錯。但由於受B型粗獷、奔放的氣質影響,使你儘管在實務、計算方面表現良好,但卻無法真正喜歡這些工作。

B型處女座的你可以從容地兼顧工作與家庭生活,你的家

會被你打理得井井有條，而工作上的事情也不會怠慢，堪稱魚與熊掌兼得型。

當然，如果想讓自己的事業更上一層樓，那麼建議你在工作中充分發揮已掌握的知識與技能。你要認清自己性格中的優缺點，並合理地利用到工作當中，好的要發揚光大，不好的要盡量規避。同時，你要讓自己的胸襟更開闊一些，不要為小事牽腸掛肚，要培養挑戰的精神，以開放、舒暢的心情邁向更遠大的目標。

溫馨小提醒

裹足不前只能使自己喪失更多機會。

贏在職場

實務方面的工作比較適合Ｂ型處女座的你，因為你數字觀念很強，會計、稅務、銀行等工作，能讓你很好地發揮特長。另外，有不少Ｂ型處女座的人文筆相當不錯，這類人就可以勝任出版業、新聞雜誌、評論或是寫作方面的工作。

在上述職業中，最適合Ｂ型處女座的是評論家，因為你面對不符合你理想中的世界時，就忍不住希望把它變成完美，你能從中挑出其中細小的毛病，一一進行批駁與改進。面對他人的文學作品時，你的態度亦然。所以，從事這種文字工作，你會比較得心應手。

不過，如果Ｂ型氣質勝過處女座的氣質，你的情形又有不同了。這時，你的身體狀況不允許你從事需要耗費過多體力、

過於勞累的工作，你應盡力避開那些細微繁瑣的工作。

　　你在年紀漸長之後，職位會愈趨穩定，不過，到了一定的程度時，便不再往上升遷，相當可惜。整體來說，適合你的工作是記者、報導文學作家、會計師、銀行家、出版、評論家、學術研究、醫療、社會福利等，而不適合你的工作是公關、設計、律師、大眾傳播、演員等。

🈁🈁小🈁🈁

不擅長的工作不要做，否則會耽誤你的時間和精力。

社交技巧

　　B型處女座的你可以把職場中的社交處理得很好，因為你八面玲瓏與謹慎並存。不過，有時候過於拘泥於細節，又會讓對方非常頭痛。

　　對於討厭的事情，你必須有斷然說不的勇氣，否則，你不但會讓自己心裡難受，而且還很容易遭受不必要的誤解，惹來更大的麻煩。你認為可行的事，不必把太多時間浪費在迷惑與抉擇上，儘管付諸實行。

🈁🈁小🈁🈁

學會變通，但不要背離自己的內心。

147

財富密碼

因為B型處女座的你對物質不是很重視，而側重於追求精神上的富足，所以錢財在你看來並不是十分重要。但是，你的金錢運勢還算是相當穩定而可靠的。

你的計劃性很強，每個月都有固定的花費和固定的儲蓄，所以你很少出現透支的情形，更不會成為月光族。在大多數人眼中，你是個勤儉致富型的人。由於你能一直保持這種良好的習慣，所以你的財運會隨著年齡的增加而顯得更加旺盛，愈近晚年，你的生活愈富足。

由於你生性謹慎小心，所以你一般不會從事投機的事業，因此你的財運不會出現大的危機；由於你對金錢的慾望很淡，所以你的儲蓄也不會太多。整體來說，你幾乎沒有成為巨富的可能。到了晚年，一般會有一批不動產。

溫馨小提醒

可以嘗試不太冒險的投資，能讓你輕鬆增加財富。

戀愛攻略

B型處女座的你，嚮往柏拉圖式的精神戀愛。在選擇伴侶時，你最看中的不是對方的身高外貌，也不是對方的家庭背景，而是你與對方能不能深入談心、互相溝通。你一旦覺得跟對方在人生觀以及許多問題上能達成一致，便會感到相當滿

足。通常你們兩人約會時，你極少與對方做出親密的舉動，經常與對方保持恰當的距離，然後把話題引向你感興趣的人生話題上來，接著大發議論。所以，你談戀愛時，似乎總缺少了那麼一點羅曼蒂克的戀愛氣氛。這是處女座的人偏向理性方面的表現，然而，也有可能是你為了掩飾自己內心深處的熱情。

雖然，你看中精神方面的交流，但並不代表不關心「麵包」問題。你還是比較看重對方的經濟基礎的，你希望對方給你安定、幸福生活的保證。

雖然處女座的人對異性充滿了好奇，但有時卻會稍顯拘謹和害羞，不敢輕易接受異性的邀請和表白。尤其是B型處女座的女性，甚至對男人有畏懼的傾向，覺得很難接受男性粗壯的身體及不好的氣味，因為有潔癖的你認為一個人應純乾乾淨淨、清清爽爽。

B型處女座的你之所以會如此排斥異性，究其原因，或許是對性的一種恐懼與抗拒。心靈上的潔癖，會讓你覺得肉體的接觸及性欲是一種不乾淨的行為。此外，你小心謹慎，害怕和對方發生性關係後會受到傷害。所以，你對異性總是保持一段距離，讓人產生冷若冰霜、拒人千里的感覺。

其實，在你的心中不時浮現出羅曼蒂克的畫面，尤其是B型處女座的女性，經常在內心編織純純的、浪漫的戀情。但是，一旦真正談起戀愛來，卻不知道怎麼和對方自然相處，所以在態度上表現得比較消極。如果你無法改變自己的觀念，那麼你的戀情最後大都是以單戀結束，而且可能一輩子都沒機會向對方表白，這不能不說是一個遺憾。

在開放而自由的現在，如果你過分拘謹害羞，那麼再美好的愛情都會與你擦肩而過。

婚姻家庭

　　B型處女座的你，走進婚姻殿堂的時候，一般年齡都比較大了。這和你謹小慎微、潔癖的性格有很大的關係，如果沒有合適的、比較完美的伴侶出現，那麼你總會一等再等，絕對不會貿然結婚。雖然屬於晚婚型，但是你的婚姻生活總體看來極少有波動，比較穩定幸福。

　　在決定結婚之前，你會像神經質般擔心很多沒必要擔心的問題，因此顯得悶悶不樂，可是你一旦突破了這層心理障礙，整個人就變得積極而且快樂起來。結婚之後，你天生的責任感就會表現得非常強烈，你會為了維持家庭的幸福而付出很多。有時對方即使做錯了事，令你不快，但因為不想讓婚姻蒙上陰影，你也會極力壓抑自己。

　　不過，雖然你很害怕離婚，但是如果這種讓你不滿的狀況持續升級，那麼你在溝通無效之後，便不會委曲求全、謀求其他解決之道，因為你努力構築的完美世界被對方破壞了，所以你在失望甚至絕望之後，便會義無反顧地選擇離婚。另外，如果你身上B型血氣質較為濃厚時，你會很快找到另外一份真愛。

　　你的家總被你打理得乾乾淨淨、井井有條、一塵不染，看起來非常舒服。你對家庭的未來做過很細心的規劃，而且為了

達到這個目標，你一直在做不懈的努力。不過，有時B型血的「任性」會跳出來與處女座的「認真」作對，你會把本來整齊潔淨的家弄得亂七八糟來發洩，然後過一段時間後自己心裡受不了又開始收拾。B型處女座的男性有時會很勤勞主動地幫太太做家務，但是有時候又藉故逃避。需要注意的是，如果碰到不如意的事情，千萬不要把孩子當做出氣筒。

溫馨小提醒

> 做事千萬不要太極端，找到其中的「黃金分割點」，你會活得非常輕鬆快樂。

最佳速配

►B型雙魚座

B型雙魚座不僅體格英挺，談吐有致，內涵豐富，尤其擅長掌握他人的心思，能瞭解B型處女座的想法，是B型處女座的絕佳人選。

►B型金牛座、O型金牛座

B型金牛座和O型金牛座非常務實，做事認真，而且能很強的財運，這些，都能深深吸引B型處女座。

►AB型獅子座

AB型獅子座堅強勇敢，富有行動力，而且腦袋異常的靈活，所以他們總能巧妙地誘導並掌握B型處女座的情緒，在不知不覺間打開B型處女座封閉的內心。

►AB型處女座

AB 型處女座生性寬容,能夠起指導作用。他們責任感非常強烈,喜好支配他人。剛開始時 B 型處女座可能會對這種作風感到不滿,但卻會漸漸被這種強悍的處事態度所吸引。

健康小站

B 型處女座的人大都一副青春常駐的模樣,外表看來一點也不老,但是卻缺乏活力,容易抵抗力不足,容易腸胃不好。運動前總忘記先做好暖身運動,所以往往容易變成運動傷害的犧牲品,常常肌肉痠痛。常見疾病是腸胃疾病、精神疾病、虛冷症。

B型×天秤座

性格分析

B 型天秤座的你很樂觀,即使工作和生活不是很順利,你也不會表現出消極、愁苦的樣子。你性格爽朗大方,應變能力強,身邊一切突發事件都能得到很好的處理。你喜歡過著悠閒自在的生活,絕對不會為了金錢而讓自己過分勞累。

你是個和平主義者，爭執、吵架等事情鮮少發生在你身上，在萬不得已與人對立的情況下，你會採取冷靜的商談方式尋求協調。你更不會動輒發怒，也不會表現非常強硬的態度要求別人屈服。整體來說，你是個非常有涵養，情緒極平穩，態度很客觀，做事有分寸，非常成熟理性的人，往往得到很多人的尊重與信服。

　　B型天秤座的你就像是不偏不倚的天秤一樣，將公正、公平作為自己的人生理念。你對人對事的態度，絕對客觀公正，不帶有人情的成分。無論做什麼事情，你始終保持冷靜理智的態度，而且能站在中立的立場判斷事物的善惡好壞。你眼光獨特，對是非對錯有很強烈的看法，因此適合做從事協調的執法者。你有足夠的理性，因此你最瞧不起那些整日被物欲支配的人，所以你對於那些自私利己、瘋狂追求物質享受的人感到厭惡和不屑，甚至會挺身而出，以語言或文字告誡世人不要被物質名利所迷惑。

　　有時候，你的想法雖然積極，但並不會努力去實踐，因為有時你的顧慮太多，過於在乎別人的看法，這就是你優柔寡斷的一面。事實上，有時候改變一下自己中立客觀的態度，偶爾嘗試一下做一些從來不敢做的事情，可為你死氣沉沉的生活帶來衝擊力，讓你更加有活力。

溫馨小提醒

> 過多的擔心會讓你左右為難，試著跟著自己的內心走。

天秤運勢

整體來說，Ｂ型天秤座的一生可能過得比較辛苦，但是相當豐富多彩。你屬於大善人類型，經常為別人盡心盡力、傾其所有，所以，你人緣很好，很受周圍朋友的歡迎。

無論在生活、工作還是交際上，你與其讓自己站在風頭浪尖的位置，不如退而成為輔助角色，這樣更能讓你的實力與才能得到展示。

你運勢不大好的很大一個原因就是不會掌握住機遇，經常會失之交臂。所以，你應該提高自己把握機遇的能力，觀察得再認真一點，做判斷時再果斷一些，行動起來再迅速一點。這樣你才有可能把握難得的機會，扭轉人生的運勢。到了晚年，你將會過著安定幸福的生活。

溫馨小提醒

機會掌握在你手中，千萬不要因為粗心而失之交臂。

職場命運

大器晚成、穩定發展，這是Ｂ型天秤座的職業運。所以你要相信，只要能把握適當的時機，你都可發揮才幹。

Ｂ型天秤座頭腦靈敏、交易處理起來非常迅速，這方面幾乎是其他血型星座比不上的。如果在專業知識與技能上，Ｂ型天秤座再加強一些，那麼你工作起來就如同如虎添翼，必能讓

你的才能得到充分的發揮。尤其值得一提的是，B型天秤座天生聰明，考試運非常好，考取各項技術資格認證也比一般人容易得多。

B型天秤座的你容易在職場上陷入種種無聊的人事紛爭當中，這樣會浪費你非常多的時間與精力。所以，要切記，不要把自己有限的精力花在與自己專長無關的事情上。做事專注而高效，這是保證你在職場上能得心應手的最佳方法。在三十歲之後，你的職業運開始走上坡，可以一直持續到晚年。

溫馨小提醒

對你來說，做得越少、越精，越容易取得好的結果。

贏在職場

在職業上，B型天秤座的你，最好能選擇符合自己興趣的自由業，這樣你成功的可能性會比較大。如果你善加利用你的社交手腕及冷靜的判斷力，在業務員或服務業方面，你將大有可為。不過，你的才能應該是體現在美感體驗和藝術才能上，如果你能將你的才能應用得恰到好處，那麼設計師、美術監督、廣告撰文、服飾設計、髮型設計、電視節目製作等都非常符合你，而且也較易取得成功。

另外，束縛的環境、保守的職業、單調的工作，以及那些需要耗費過多的精力及耐心的工作並不適合你，你最好避免選擇這些職業。

整體來說，適合你的職業是律師、餐館、外交、公關、談判代表、推銷員、仲介員、作家、記者、服裝設計等，不適合你的職業是總務、技術開發、醫師、調查員、宗教家等。

溫馨小提醒

學會將自己的才能當做事業來經營。

社交技巧

B型天秤座的你，處世方面做得非常得當，從不輕易得罪人或樹敵，希望跟每個人都能保持良好的關係。不過，有時候你的這種態度，很容易被誤認為是討好別人。

在B型天秤座身上體現得最為明顯的一點是，B型天秤座無論男女，都是天生的社交高手，總能在社交中迅速抓住重點，不會浪費時間與精力。

不過，B型天秤座有一個缺點是，在剛開始社交時不夠自信，經常懷疑自己的能力與社交天賦，不相信自己是懂得職場社交的人。當然，這種想法是大可不必的，無論你有多少才能，只要你足夠自信，往往在人際交往中就能獲得對方的刮目相看。

溫馨小提醒

自信能讓你取得更大的成就。

財富密碼

B型天秤座的你，對賺錢並沒有太大的野心，也從來沒想過要累積大筆的財富。在日常生活中，你有時甚至會產生這樣的想法——金錢與地位只會給人帶來某種程度的約束。

雖然你對賺錢野心不大，但是花起錢來絲毫不會手軟。你對錢很豪爽大方，有極強的花錢慾望。有時候你會一擲千金地去購買一些奢侈品，但這是少數時候，一般情況下你出於生活的考慮，也會說服自己隔一段時間存上一筆錢。甚至有時候你還會擬定經濟計劃，為自己和家庭攢下足夠的積蓄。

三十五歲之前，你注重享受，利用金錢為自己安排愜意的生活方式；而三十五歲之後，你會考慮到現實狀況及養老狀況，開始慢慢存錢。通常情況下，你都能如願以償地達到目標。

你的財運特色是由人際關係帶來好運道，所以，人際關係的建立是不容忽視的一環。由於會處世、腦筋靈活，所以你往往會借助身邊的人脈為自己謀得利益。不過，這是一種很正常的方式，對別人、對自己都沒有損害。但正因此，你的錢包充實了。

整體來說，B型天秤座的人財運不錯，一生大概很少有為錢煩惱的時候，到了晚年多半能過著富裕安康的生活。

 溫馨小提醒

請控制自己的購物欲。

●●●●●●● 戀愛攻略

　　B型天秤座的你，對待愛情是非常理性的，你不會盲目地陷入愛的漩渦。你覺得戀愛是人生的一部分，只是生活的點綴品之一，所以你對談戀愛的態度是非常輕鬆自由的，不合則分，不會帶覺得沉重的壓力或責任感。所以可以說，在愛情上，你是遊戲人間類型的代表之一。你總在不斷地選擇合適你的戀愛對象，所以同時和兩個戀愛對象談戀愛是再正常不過的事情。同樣的，如果你的戀愛對象和別人談戀愛，你也往往不會介意。手段很圓滑的你通常會小心處理這類事，不會讓任何一方受到傷害。

　　你氣質高雅，有風流倜儻的文人氣質；你非常注意形象，懂得如何裝扮自己；你會處理人際關係，具有十分卓越的社交手腕……這些條件相加起來，使你變成了偶像級人物。你給人的第一印象，非常良好，也因此吸引不少異性的眼光，再加上你對異性的態度也是積極主動地，所以，你戀愛的機會並不少。其中，B型天秤座的女性朝氣蓬勃，在路上總能引起不小的回頭率，這其實並不一定是因為你的美貌或苗條的體態，而是因為你身上散發出來的吸引人的開朗的氣息。

　　在談戀愛時，你懂得很多求愛的手段與技巧。例如，為了打動對方的心，你會透過送禮物、遊玩等表現出你百分之百的熱情與關心。不過，你又屬於花心的類型，當激情冷卻後，你又會移情別戀。談戀愛時，自尊心通常被你放在第一位，為了保證你的自尊心不受傷害，即使你的戀人出現移情別戀等情況，

你也不會因此而表現出憤怒、嫉妒等有損你身分與形象的情緒來，你在任何時候都儘量表現出開闊的胸襟與大度的形象。

當然，B型天秤座的愛情與性也有關係，覺得性是談戀愛的一部分，而且是愛情的催化劑。不過，並不是所有B型天秤座的人都很看重性關係，也不會用性來發洩慾望。當B型天秤座覺得感情已到盡頭的時候，性關係也就終止了。

溫馨小提醒

對愛情專心一點，三心兩意最後受苦的還是你自己。

婚姻家庭

B型天秤座的你，大多是從自由戀愛而走入婚姻殿堂的。一方面，這和你良好的異性緣、戀愛運有關；另一方面，你從來不喜歡也不會參加保守死板的相親。你結婚的首要條件是「安定」。你結婚的年齡比較適中，很少有晚婚或者單身主義的情況出現。你的婚姻生活大都比較安定，如果不是因為彼此性格不合，或者出現大的不可化解的矛盾，你不會輕易選擇離婚，因為在你看來離婚是一件非常不光彩的事情。

你對結婚對象的選擇非常嚴，如果達不到自己制定的標準，你絕對不會輕易點頭，可以這樣說，你是「寧缺勿濫」原則的忠實奉行者。關於結婚對象，你的第一個條件是必須具有一定程度的文化水準和素質教養；第二個條件是，B型天秤座的女性要求對方有一定的經濟能力並且有不錯的工作，而男性則要求新娘要有美麗並且氣質良好。由此看來，B型天秤座的

你還是比較看重物質方面的條件。

結婚之後，你的家庭在你的經營之下，大多數都相對平穩、幸福。同時，由於你們兩個人的努力，經濟狀況也相當不錯。遇到財政、交往等問題時，你或者憑自己的能力，或者借助外來的幫助，都能順利解決。

無論婚前婚後，B型天秤座的你都是忠實的自由主義者。你相當尊重個人獨立自主的許可權，認為家中的每個成員都應擁有自己的獨立空間。因此，不會強迫家人尤其是孩子把所有的出行時間表交給你。同時，也是為了保證自己有足夠的空間，不想受到家庭過多的束縛。

如果你是B型天秤座的女性，那麼你在結婚之後會繼續發展自己的興趣愛好，熱衷於社交活動。你不喜歡做家務事，有時候會稍微顯得冷淡了家庭。不過，正是由於你把心思放在工作和形象上，所以能保證自己的青春美麗，這點令你的丈夫非常滿意。你相當重視生活的品質。所以有時候會造成浪費，有過於追求奢華的傾向。你對孩子相當尊重，在孩子面前總會保證自己的風度與禮貌，所以孩子比較信服你。

溫馨小提醒

少了鍋碗瓢盆合奏曲的家庭，會少很多溫馨幸福。

最佳速配

▶O型雙子座

O型雙子座很會想盡辦法取悅B型天秤座，比如帶你去從

來沒去過的地方遠足，出席音樂會，泡酒吧等。對你們兩種血型星座的人來說，最好是興趣愛好相同，因此你們的年齡差距不可太大，最理想的是同年齡或相差一歲。

►AB型水瓶座

B型天秤座在第一次見到AB型水瓶座時，會緊張不已，甚至不由自主地臉紅，因為AB型水瓶座的才學能讓B型天秤座怦然心動。

健康小站

整體來看，B型天秤座身體各部分的發展還是比較均衡的，但因為整天坐辦公室，缺少運動，所以使得B型天秤座容易患神經衰弱，或與飲食有關的疾病。

當氣候轉變，或在旅行途上時，B型天秤座往往容易因為天氣不適、水土不服而患上流行性疾病。

如果你是典型的辦公室留守人，那麼請記住：平時一定要多喝水；避免飲食過量，或沉溺在菸、酒、咖啡因中；賴床或懶散地坐著不動雖然舒服，但卻是以你的健康為代價。

所以，為了你的身體健康著想，一定要進行適量的運動，這樣有助於提高你的警覺性、意志力和魄力，可說是一舉多得。另外，也建議你不要做「御宅族」，而要積極地走出屋子，譬如到商場逛街、到郊外踏青等，總之絕對不要悶居在家內。發生在B型天秤座身上的常見疾病是胃下垂、坐骨神經痛等。

B型×天蠍座

性格分析

頭腦靈敏、做事敏捷、專注力與耐力這些都是B型天蠍座突出的特點，其他血型與星座幾乎都比不上。除此之外，B型天蠍座天生敏感、直覺性強，有一部分人飛揚跋扈，其中，「鍥而不捨」是B型天蠍座最為鮮明的特徵。

B型天蠍座的人，志向遠大，對人生的目標非常明確，從制定目標開始，就一心一意地努力，很少出現心猿意馬的情形。不達目標不甘休、執著、耐心、毅力、堅持到底、毫不氣餒、重頭來過，這些詞語都可以放在B型天蠍座的身上。總之，B型天蠍座這種為了目標、夢想而付出的努力非常值得人敬佩。

B型天蠍座的求知欲非常旺盛。你對於人類心靈、死亡真相、神祕世界、社會結構等比較嚴肅認真的話題非常感興趣。對於人體的奧祕，你也情有獨鍾，因此，你走上醫學之路的機會比較大。同時，B型天蠍座也有人對無窮宇宙感興趣，甚至會投入許多心思去研究，而且往往還取得不菲的成就。

B型天蠍座的人思想深刻，有犀利的洞察力，總能輕而易

舉地透過對方的眼睛或神態讀出他們的內心祕密。當然，B型天蠍座不會輕易說出別人的心事，相反，總以冷眼旁觀這個世界。

從外表來看，你是一個很親切隨和的人，但事實上你的內心世界收藏著很多心事，你看似堅強樂觀，但內心卻潛伏著一股讓人看不清摸不透的的力量，總之你是一個深沉不露的人。你雖然能看穿別人的心思，但卻把自己的內心關得很緊，很討厭自己的內心被別人讀懂。即使面對親朋好友，也不會輕易把自己內心真正的想法說出來。雖然，你的性格如此特別，但看起來你並不消極或陰沉。你在眾人面前談笑自如，只在一個人的時候才獨享內心的寧靜。

溫馨小提醒

嘗試打開自己，你會發現心靈不但不受打擾，而且還會領略到鳥語花香般的美好。

天蠍運勢

B型天蠍座的你，在二十歲之前，過著平平凡凡、安安靜靜的生活，但二十歲以後，你的人生將會波濤起伏。

你一直朝自己的生活目標努力奮鬥，但命運似乎總在捉弄你，你的生活跌宕起伏，有時候會遇上許多痛苦的事情，進而跌入黑暗的深淵。

在人際關係及家庭運方面，有的人會好一些，而有的則會非常差。雖然，B型天蠍座在精神方面無法獲得滿足，但物質

方面一般不用發愁，大多數十分富足。

事實上，B型天蠍座的慘澹生活不會維持太久。因為在面臨困境時，必定有貴人為你製造機會，帶領你離開困境。所以，從這一點看來，B型天蠍座在苦難時期不應該自暴自棄，要發揮堅持到底的耐力，靜靜等候機會的來臨。

學會等候，這是你最該學會的。

●●●●●● 職場命運　●●●●●●●

在職場上，B型天蠍座的人需要經常把自己放在忙碌之中，喜歡親自動手去做感興趣的事，喜歡憑自己的力量去改善自己的工作和生活環境，喜歡不斷更新自己的想法，但不喜歡無所事事和碌碌無為的生活，因為那樣會使你喪失生機和活力。

B型天蠍座堅忍不拔，如果遭遇失敗，就會說服自己從零開始，憑著頑強的意志和精神，重新尋找成功的機會。你富有競爭力，是很多人眼中可怕的對手。

不過，對你來說，你的成功是要付出代價的，當你信心百倍向目標挺進的時候，千萬不要被那些諷刺的話語、嘲弄的笑聲、卑鄙的評論所嚇倒，你只需集中自己的注意力，朝著目標一心一意前進即可。

溫馨小提醒

越積極，你的職業生命就會更長。

贏在職場

B型天蠍座的你，體力充沛，適合從事朝九晚五的工作，你留在大公司裡工作，成功的機率會更大。在變化多端、競爭性強的職場中，你最好學習一項專門技術，擁有一技之長，這樣你成功的機會將大為增加。因為你比較不適合跟人共同合作，所以最好能從事可獨立作業的職務。又因為你對事情往往有獨特的見解以及深刻的思考，調查能力頗強，所以你從事研究工作，比那些競爭激烈、有很多潛規則的商業來得可靠。

除此之外，不僅你的精神，甚至你的身體也有超人的耐力，所以，你也可以嘗試一下從事體能訓練。另外，你還要學會推銷自己，這樣才能最大程度地抓住成功的機會。

根據你的個性，你不適合創業。整體來說，適合你的工作是科學研究、技術開發、醫生、編輯、員警、偵探、檢查官或刑事幹部等。可以嘗試一下職業運動員、醫師、藥品研究員、檢察官、算命等工作。另外，外交官、推銷員、大眾傳播、裁判、服裝設計等工作不適合你。

溫馨小提醒

一技在手，前程無憂。

社交技巧

B型天蠍座性格激烈，所以在人際關係上經常走極端。如果你喜歡一個人，那麼他（她）的任何缺點你都能忍受和包容；如果你不喜歡一個人，那麼他（她）的優點在你看來也是缺點。喜歡一個人，你會表現得非常親近，對他（她）非常和顏悅色；不喜歡一個人，你會擺臉色給他（她）看，甚至做出嫌惡的表情，所以你的朋友往往不多。事實上，每個人都有優缺點，和他人相處，你就該儘量發現對方的優點，而不是緊緊盯著他們的缺點不放。

其中，最容易與你有矛盾的是白羊座，因為你們都很固執，對於自己所堅持的事互不相讓。假如你肯稍做讓步的話，那麼你們就有可能成為要好的朋友。

在人生的大舞台上，你會成為非常活躍的人，常會遇到容貌深具魅力、有豐富的表現力和具有超群的審美品味的人，所以很容易和藝術界、演藝圈以及有知名度的人成為好朋友。除此之外，你具備卓越的語言才華，若能發揮這方面的能力，必有很好的發展。

溫馨小提醒

在與人交往上，你需要修練的一門功課是「包容」。

財富密碼

B型天蠍座的你，賺錢能力並不是十分強，加上你在年輕時守不住財，所以經常會陷入經濟拮据的困境。

B型天蠍座的你具備有很現實的金錢觀，深諳儲蓄致富之道，能計劃性地用錢。如果你是女性，那麼遺憾的是，你一旦陷入戀情中，就會把身上所有金錢全部交給男朋友。如果你是男性，那麼遺憾的是，你往往會沉迷於投機事業，甚至把所有積蓄全部花光。事實上，B型天蠍座的你，投機的運勢很差，所以如果你不想弄得滿身是債，最好節制投資，最好能夠不投資。當然，如果女性不為戀愛花冤枉錢，男性不沉迷於賭博、投機，那麼，只要你持續儲蓄，你還是存出一筆不小的財富。

　　大約在三十歲之後財運會好轉。如果你能把握住這個時機，努力存錢或是做安全性較高的投資，那麼你都有可能攢下不少的財富。總之，B型天蠍座的你，很少出現一夜致富的情形，所以，不要再做中大獎的美夢，踏踏實實，一點一滴地儲蓄，你才有可能存下錢。有時候，你會因為貴人相助而賺不少錢，你要懂得知恩圖報，這樣才會有更多的財運。

溫馨小提醒

知恩圖報，施比受更有福。

戀愛攻略

　　B型天蠍座的你，因為性格上的深藏不露，給你籠罩上了一層神祕色彩，而你對自己性格不自知的態度，又給你的魅力加分不少。所以，你的神祕氣質總能吸引不少異性。但是，你對待愛情相當有原則，如果對對方沒有打動你的心，那麼你不會接著自己的迷人的吸引力而去玩弄對方的感情。可以說，對

待感情上，你非常尊重彼此。

對到愛情，你非常癡情和專一。你一旦開始談戀愛，就會把他（她）當做你生活的唯一，你工作、吃飯、坐車……無時無刻不在思念著對方，很不多兩人每天形影不離。如果兩人分別過久，你便會像熱鍋上的螞蟻，焦躁萬分，無法安心地做好每一件事。也正因如此，B型天蠍座的人給別人的印象就是佔有欲特別強。

在你的觀念中，覺得兩個人既然彼此應許了，就不該對對方有所隱瞞。如果對方辜負了你，那麼對你的傷害是非常深的，那時你的心中會妒火中燒。失戀之後，你並不是能灑脫地說「再見」的類型，會把自己封閉起來療傷，結果因為還深愛著對方而讓自己悲痛萬分，陷入無法自拔的苦境。

對於性，B型天蠍座的你是非常慎重的，覺得除非兩人已明確戀人關係，而且快要走進婚姻殿堂，否則你不會輕易獻身。你從來不渴望也不希望沒有愛情的純性交易發生在你身上。當然，萬一你和戀人發生性關係後，那麼你就會表現出愛情上的佔有欲，會想瘋狂地佔有對方的身體與思想。

溫馨小提醒

> 適度地給對方自由的空間，醋勁別太大了。

● 婚姻家庭

B型天蠍座的人，對待愛情有點盲目，你往往會因為一時衝動而與對方走入結婚禮堂。但是，再這些甜美的愛情泡沫沉

澱下來後，你會發現，剩下的液體是苦澀的。愛情被婚姻家庭消磨光的時候，你會發現原來你對愛情缺乏現實利害方面的考慮。所以，發生在B型天蠍座身上的離婚率要高很多。

你對愛情很執著，即使你的情侶得不到親友的肯定，也不會有所動搖，反而心意更為堅定。是一個「重愛情，輕麵包」的愛情至上論者。你覺得擁有愛情便擁有一切，對方的條件再差，你也樂意接受，或者根本不會放在心上。但是，當婚後的柴米油鹽澆滅了你羅曼蒂克的愛情幻想，你才發現自己做錯了選擇，但追悔莫及，令人遺憾。

B型天蠍座的你，如果能在多嘗試幾次戀愛經驗後再做選擇，那麼你必能找到更合適的結婚對象。隨著年齡的增長，經驗的增多，你的戀愛觀念會更加明確，由此建立的婚姻和家庭才是幸福美滿的。

你對家庭很依戀，所以為了家庭的幸福與安定，你似乎要把家跟外界隔離開來，以免家庭生活受到別人的干擾，同時，你希望家中每一個成員都能相親相愛，對家有很強的向心力，因此，在婚姻家庭中，你往往給人自私的印象。

在家庭中，你並不會輕率地發脾氣，即使心情再難受，你還是會強顏歡笑，為家人好好做該做的一切。B型天蠍座的你，是個顧家的責任感強的好丈夫，或者是相夫教子的順從丈夫的傳統好妻子。在對孩子的管教方面，B型天蠍座的你，最好能給予他們足夠的發展空間。

溫馨小提醒

婚姻是神聖的，不可兒戲。

最佳速配

►B型摩羯座、O型摩羯座

B型天蠍座希望遇上有點特別的人，而處事穩當迅速、具有令人稱讚的耐力、堅持到底、富有行動力的B型摩羯座和O型摩羯座正是這樣的人。

►O型雙魚座、AB型雙魚座

O型雙魚座、AB型雙魚座是令B型天蠍座在不知不覺中，渴望占為已有的愛人。

健康小站

和其他人相比，B型天蠍座的身體、精神的承壓能力比較強，使之更能承擔緊湊的工作。所以B型天蠍座的你有時候會仗著自己身體強健，一直蠻幹不休息。但慢慢的，你的身體已經不允許你再加班、熬夜了。

你有時候會很壓抑自己的情感，有時候情緒又像火山般突然爆發出來，讓人捉摸不透。情緒如此波動起伏，很容易患精神衰弱、神經官能症等毛病。再加上B型天蠍座重視性欲，有時候過度縱欲過度會引起性病或生殖器官方面的毛病，精力也會大大地耗損。此外，B型天蠍座常見的疾病有膀胱炎、神經痛、偏頭痛等。

B型×射手座

性格分析

B型與射手座相結合，可說是這類血型與這類星座的典型代表，因為兩者之間存在許多共同點：都富有好奇心，對未知事物都想一探究竟；性格直爽，做事有尺度，對於好奇的事物不會沉溺其中；追求自由意志，擁有天馬行空般的想像力；應變能力非常強，能屈能伸；心地善良，很少與人吵架動粗；判斷力敏銳，處事能力很強；富有熱情，是個夢想家；行動敏捷，頭腦靈活，才華出眾，成功的機會總是比別人多一倍。

此外，如果非得找出B型人與射手座之間的不同點，那麼就是前者比後者重實際，而後者比前者更自由奔放。如果能結合兩者的特長，那麼B型射手座將會擁有優秀的「戰鬥力」，在這個快速變化的資訊化時代裡取得先機。

你積極、樂觀，個性自由，很少在乎世俗的目光，所以在大家看來你是個逍遙快活的人。你對金錢、名利等世俗凡物沒有太大的野心和慾望，比較重視個人涵養、精神、知識及人生經驗。可以說，你在好奇心的驅逐下，非常願意去嘗試各種未知領域，所以你興趣廣泛、知識豐富、人生經驗多姿多彩。

171

在你身上，如果非要找出缺點的話，那就是你的思考和行動都非常敏捷，加上心態自由，往往是隨興所至，比較性急與冒進，所以做事情缺乏計劃性，安排不周密，成功的機率不大。你做事時精神會高度集中，但缺乏毅力和耐心，所以經常半途而廢，功虧一簣。

溫馨小提醒

雖然大膽卻要心細，行事謹慎對你將更為有利。

射手運勢

總體看來，B型射手座的你一生風平浪靜。在家庭中，你將收穫美滿的婚姻；在事業上，你的工作做得比較出色；在友情上，你擁有很多交往頗深的好友，尤其是十歲至二十歲間交的朋友，往往能成為伴你一生的知己。

生老病死、自然災害等突發事件，對你的打擊往往比較大，如果你能挺過這些難過，那麼便會時來運轉。尤其是晚年之後，你的物質生活將會豐富多彩。

由於你對精神的要求比較高，在人生風平浪靜的階段，你會因為無所事事而覺得精神空虛，所以，你最好找一些有意義的事情來填充自己，讓自己獲得精神的平衡，如制定讀書計劃、培養一些高雅的志趣、定期外出旅遊、從事義工活動等，將會讓你的人生更加飽滿、有意義。

溫馨小提醒

豐富而有意義的人生就是你一生中最大的好運。

職場命運

B型射手座的你，由於性格的原因，你很少能從一而終完成一件事，但由於你頗有才能，因此成功的機會也不小。整體來看，你的職場命運充滿變數。在工作中，你最大的缺點是沒有耐心，雖然你的思考力及行動力都非常強，但是做起事情往往容易喪失耐性，無法堅持既定的目標。在做那些需要花費很多時間精力的事情時，你總會比那些有毅力的同事落下一大截，跟不上他們的步調。

另外，你性急、易厭煩、無視形式、輕視秩序，這些都是你職業的致命傷。你往往無法在一個固定的職位待太長時間，跳槽對你來說是追求理想的必然過程。

對B型射手座的女性來說，只要你遇上了值得付出真心的人，儘管你有一份非常不錯的工作，也會為了他斷然放棄工作，一心一意退居幕後。

溫馨小提醒

學會從一而終，也許是你需要改進的地方。

贏在職場

B型射手座的你頗具人文精神與創造力，適合多元化的工

173

作。你在選擇職業時，最好選擇能發揮你才能的工作，或者是你感興趣的工作，這樣才能提高你成功的機會。

此外，雖然你多才多藝，但經常處在換工作的狀態。這是因為你不適合從事單調、刻板的工作，這些瑣碎繁雜、壓力又大的工作，都會妨礙你才能的發揮。所以，選擇適合你自己的行業非常重要。

你不妨考慮這些職業：自由作家、記者、旅行家、攝影師、電腦軟體發展等，你可以在這些方面取得不錯的發展。而翻譯、藝術家、大眾傳播、詩人、宗教家等，也可以嘗試一下。但是，園藝精密技術、行政管理、總務、製造業這些並不適合你，千萬別嘗試。

溫馨小提醒

> 在工作時，注意克服性格上一些不良因素，你將大有可為。

社交技巧

B型射手座的你，不是很熱衷於人際交往，因為你不喜歡自己的行動處處受限制，覺得為了一定目的而進行的交往方式非常虛偽的，不符合你自由奔放的天性。此外，在人際交往中，你直爽、不會拐彎抹角，很容易讓人產生誤會，有時候難免會得罪人。

在社交中，你不會築一道保護牆，用來掩飾和保護自己。

你對任何人都直抒胸臆，把自己毫無保留地表現出來，雖然你的坦率真誠會為你贏得一部分人的讚賞，但是卻容易被一些居心叵測的人所利用。所以，在人際交往中，你不夠小心，缺少慎重。

你最喜歡的社交地點，不是封閉的小會議室或者宴會廳，而是視野遼闊的山野、棒球場等場所。

學會在人際關係上給自己裝一個防盜門。

財富密碼

依照B型射手座的性格，賺錢的慾望並不是那麼強烈，如果你正在拼命地賺錢，那是因為你想攢出足夠的錢外出遊玩或者滿足你正在探索的事物的開銷上。你天生不是守財奴，也不願意為了賺錢而過分勞累、減少自己的休閒時間。你看重精神生活，幾乎你所有的錢都是用來滿足你精神上的追求。

不過，你賺錢的能力卻不差。因為你的腦筋靈活，才能突出，這些都有可能讓你一夜致富。問題的關鍵是，你有沒有研究賺錢方式的興趣。

你花錢慷慨大方，不會斤斤計較。只要能滿足自己的喜好，花多少錢也在所不惜。

整體來說，你是個花錢和賺錢都沒有計劃的逍遙樂天派。你的財運變幻不定，金錢在你手上的流動性非常大，來得快，花得也快。有鑑於此，建議你不如將金錢花在購買有價值並且

能保值的字畫、寶石等藝術品上。這樣，能為你的老年生活提供豐厚的經濟後盾。

溫馨小提醒

再美麗的夢想沒有金錢的支撐都難以實現，所以要學會經營你的財富。

戀愛攻略

B型射手座的你，在愛情上也往往表現為無法善始善終，所以你的戀愛經歷非常豐富，你總在愛情的路上走走停停，但卻無法真正為了某個人而停駐下來。所以，你給人的印象是喜新厭舊、花心的情人。不過，比較難的是，雖然你曾經和不同異性交往過，但是你對待每次戀情都是一心一意的，非常專注。

在談戀愛上，你屬於展開主動攻勢的那一方。雖然你也喜歡貌美英俊的異性，但是你更看重的是內在，這是令人欣賞的一面。不過，因為你缺乏耐心與毅力，讓很多美好的姻緣從身邊白白溜走，相當可惜。

對待愛情，你非常投入而且熱烈。你一旦談起戀愛來，便如熊熊烈火一般，常會讓周圍的人為你捏一把汗。在談戀愛時，你往往不計現實利害得失，可以為了對方而毫無保留地風險自己的一切，這點也是讓家人很擔心的地方。

雖然你在愛情上表現得很熱情，但是你的獨佔欲、嫉妒心卻出奇的平淡。你尊重彼此的自由空間，允許對方有自己的祕密。

176

關於對方的背景，你考慮得也不多，比如對方年齡、經濟狀況、學歷水準等，都不在考慮之內。你是愛情至上者，覺得這些虛無、世俗的東西統統要為真正的愛情讓道。

一旦失戀，你往往坦然、瀟灑地為這段戀情花上句號，你不會過多留戀，更不會死纏爛打。在愛情上，你的自愈能力比較強。

在性態度上，B型射手座的人一般都比較開放，把性與愛分得很清楚。即使心中沒有愛，但是也一樣可以享受愉悅的性關係。

溫馨小提醒

> 任何一個幸福的家庭，都是最忌諱輕率的。

婚姻家庭

B型射手座的你在婚姻上往往表現為兩個極端：早婚或者晚婚。早婚的原因是，你因為年齡小，熱情而又輕率，一旦愛上一個人，就容易在衝動之下和對方走入婚姻殿堂。這種婚姻因為雙方都不夠成熟，彼此瞭解不夠，所以離婚的機率偏高。

而晚婚的原因是，你害怕婚姻，怕自己自由的天性被束縛，又或者你愛上了已婚對象，這樣你的婚姻大事會被你一拖再拖。

一般而言，你在經過多次戀愛經驗後，便能瞭解愛情與婚姻的真諦，因而對待家庭便能欣然接受，成功的機率便會提高了。根據你的性格，你的結婚對象通常是和你自由戀愛的，而

很少經由相親等傳統的形式，因為你對這種形式抱有天生的排斥感。

在結婚後，你一如既往地秉持著自己自由的天性，不喜歡被束縛。你認為夫妻雙方要互相扶持，但並非互相牽制，即使結婚後你和對方仍保持獨立的個體。對 B 型射手座的男性來說，你不希望妻子整天控制你的行蹤，動輒拿家務事煩你；而對 B 型射手座的女性來說，你不希望成為家庭的奴隸，整天糾纏在無窮無盡的繁瑣的生活細節當中。

無論你是 B 型射手座的男性或女性，你的家庭觀念沒有其他血型星座那麼強烈。這並不是由於你的事業心強，而是因為你的天性使然。為了追求自己的理想、興趣，你可以把對方為你做的一切置之不理，甚至為為了自己的精神追求而放棄婚姻家庭。

在你們有了孩子以後，甚至當你年老的時候，你的這種觀念與生活方式都不會發生太大的變化。不過，也正是如此，你的家庭氛圍是自由、開朗，富有朝氣、充滿陽光的。

不過，要注意的是，切莫因過於放縱而變成不負責任，釀成家庭悲劇，應仔細想想自己對家庭的義務。

在婚姻生活中，你要學會多承擔一些義務。

最佳速配

►B型獅子座

B型獅子座長相不算英俊，但是不拘小節、富有幹勁、精力充沛、充滿生命力。B型射手座的女性在看膩了其他星座那些外表英俊但沒有內涵的男性以後，反而容易被且B型獅子座男性打動。

►O型雙子座

O型雙子座富於理性，是個性開朗的社交家，他們反應靈敏，擅長表達，多才多藝，好奇心強，是實幹派。這些特徵，和B型射手座非常相似，所以，兩者往往能一見鍾情。

健康小站

B型射手座的你擁有健康的體魄，新陳代謝極佳，而且也極度喜歡運動。但是因為你運動起來總是憑喜好而定，三天打魚兩天曬網；加上喜歡美食，愛吃油膩的東西，過多攝取熱量；通宵玩樂、作息不規律、菸酒過量……這些都是導致很多B型射手座肥肉橫生的原因，而且容易讓你看起來比較衰老。而容易患上的疾病是肝炎、慢性疲勞、喉嚨發炎、坐骨神經痛、神經衰弱等。

B型×摩羯座

性格分析

　　在大多數人的眼中，B型魔羯座的特點比較明顯，如果用中性的詞語形容，你是特立獨行者，如果用略帶貶義的的詞語形容，你是非常難溝通的死硬派。不過，因為受到B型血和摩羯座兩種完全不同的因素影響，在B型魔羯座的身上存在著相互矛盾的個性，你看似陰沉、壓抑、古板，但是，你卻擁有不為人所知的樂天、開朗。

　　B型人的特徵是果斷、積極、行動力非常強、很隨性，而魔羯座的人內向、孤獨、懷舊、缺乏安全感與幽默感。這兩種截然不同的氣質特徵互相影響、滲透，形成了B型魔羯座謹慎、認真、耐心、嚴肅、理性、淡漠等個性。B型魔羯座的你，如果能在做事的態度均衡兩者的特性，那麼成功的機率將相對大增。

　　B型魔羯座的你，有一個最大的特點，就是肯於吃苦耐勞。無論學習還是工作，都非常珍惜時間，時刻鞭策著自己努力進取。在求學階段，是個十分典型的廢寢忘食的愛好學習的好學生，無論排隊、搭車還是臨睡前的點滴時間，你都不會輕

易放過，必定手不釋卷。

你做事非常喜歡鑽研，有很明確的目標，為了完成這個目標，你可以心無旁騖、專心致志。任誰都打擾不了你。你專心程度之強，毅力之堅定，都不是一般人所能理解的。生活一板一眼，很少有娛樂活動，因為你覺得逛街、K歌、玩遊戲等都是浪費金錢、虛度光陰的無聊事。

有強烈的出人頭地的願望，而你成功的機會也很大。為了完成自己的既定目標，不會花太多時間去和人交流和應酬，所以你看起來既冷漠又無情，對周圍的人太嚴厲與苛刻。在此提醒你，一心一意追求理想是非常好的事，但是在這個過程中有很多值得你珍惜的東西，比如親情、友情、愛心、互助。

溫馨小提醒

不要為了自己的目標而忽略了身邊許多有價值的事情，畢竟，人生中值得追求的東西太多了。

摩羯運勢

B型摩羯座的你一生充滿夢想與希望。你的生活波瀾起伏，在與生活搏鬥的過程中享受生活給予你的華麗與刺激。事實上，你能很愉悅地與生活共處，因為苦難再多你也總能心平氣和地接受，並一直保持樂觀的態度。不過，你身邊的人倒常常為你擔心。

結婚後，你仍能保持單身時候的朝氣蓬勃，即使上了年紀，你也是顯年輕的那一群人。到了老年，可能與兒女們相處

得不好，所以，你要提前做好養老計劃。

通融，是你身上所缺乏的一種重要態度。

職場命運

B型魔羯座的你，將「勤能補拙」、「天才是99分的努力加1分的幸運」等話語作為自己的座右銘。所以，勤奮、努力是你職場上最明顯的特徵。在通往成功的道路上，你的勤奮與努力是你披荊斬棘的最好武器。

你的事業運非常旺盛，但是，你要牢記的是，你的付出往往有一個週期，不是所有的努力一下子就能有回報的。所以，你不要經常更換目標，一旦做出努力就要堅持到底，否則所有努力都將白費。因此，選定方向之後，你只需奮力前進，時間會帶給你最公正的評價。

B型摩羯座的你擁有別人所沒有的專業知識和技能。所以，你全心全意投入自己的專業領域，能比別人更容易取得成功。大多數情況下，你以發揮專長為樂，對工作重視的程度遠遠勝於對婚姻的計劃。當你產生結婚的念頭時，你已經走入晚婚的行列了。

溫馨小提醒

應該學會調劑人生與工作，這樣你的生活才會變得更加豐富多彩。

贏在職場

適合B型魔羯座的工作很多，但對你來說，你最好做好長期的規劃，選擇能適合你一輩子的工作，這樣才能避免浪費太多的時間在尋找工作與適應工作上。

整體來看，你適合從事那些需要耐心、毅力的研究性的或者能夠磨練技術的職業。對於吃苦耐勞的你來說，困難和失敗都算不了什麼，你只要一心一意地朝目標努力，一切艱難阻撓都會向你讓步。需要記住的是，你在三十歲之前，最好就定好了自己發展的方向，如果三十歲後再頻繁更換行業，那麼你有可能會一無所成。此外，你不要同時追求兩個目標，三心兩意的結果是導致你兩頭落空。

你不適合那些變動性大、需要迅速完成、壓力大的工作，這些工作與你性格不符，很快就會令你灰心喪氣。

整體來說，適合你的工作是律師、檢察官、運動員、宗教家、會計師等，可以嘗試的職業是公務員、表演、政治、外交官等，而不適合你的工作是設計、美容業、大眾傳播、旅遊業等。

溫馨小提醒

> 專注的螞蟻比兩頭蛇走得更遠。

社交技巧

在社交場合，你看起來比較隨和親切，往往給人很質樸的

183

感覺。但是，你往往執著於自己感興趣的世界中，最多只讓有志同道合的好朋友走進來。你通常一個人在自己的世界裡也能玩得很盡興，自得其樂，反而覺得朋友多、交際廣是一件吃力不討好的事情。

B型魔羯座的你，在社交方面缺乏積極主動，很少主動去擴大自己的交際圈。雖然你有足夠的社交技巧，但對朋友的選擇你非常嚴格與苛刻，甚至帶有強烈的功利色彩。當你覺得對方無論在精神上還是在物質上都能給你帶來指導或幫助時，你才會使出社交手腕。

在社交上，有時候摩羯座著名的小心謹慎會強於B型的積極大方，這是B型魔羯座的你就會顯得謹小慎微，疑心重重。這是不利於你擴大社交群的。

把社交這扇窗，開得再大一點吧。

●●●●●●● 財富密碼

大器晚成，基本上可以用來形容你的整個人生，包括學業、事業、愛情以及財運。你的財運與你的年齡成正比，年紀愈大，財運愈旺。因為你青年、中年時期工作非常努力，而且對事業有明確的目標與規劃，再加上你有儲蓄的習慣，所以你的財富會隨著你年齡的增長而慢慢變多。另外，知識會為你帶來不可估量的財富，如果年輕時你努力地學習新知識，那麼將對你的財運大有裨益。

你不愛花錢，除了你感興趣的東西、輔助事業發展的所需物品以及必要的日常用品外，你可以說是一毛不拔。

　　對你來說，適合你的投資方法是存款生息，或是收藏藝術品，這是比較穩當的投資管道。而賭博或股票，奉勸你不要染指，否則你會遭遇巨大的損失。

　　你非常看重金錢，覺得沒有金錢就沒有人生。有時你這種「金錢萬能」的觀念會表現在你的言行舉止當中，這會給別人留給不佳的印象。雖然金錢真的很重要，但人生中有很多東西是金錢買不到的，所以你在話語中儘量少帶銅臭氣，否則會給別人留下功利的感覺，影響你的社交。

> 金錢並非唯一，社交更重真情。

●●●●●● 戀愛攻略

　　正如你的人生態度一樣，你對愛情也是謹小慎微的。你對異性不是很有信心，擔心對方的脾氣性格與你不合，害怕付出的真情不被對方重視，怕在感情的遊戲中受到傷害，怕對方不願意和你結婚……作為B型魔羯座，你害怕與擔心的事情太多了，所以你不敢向心儀的對象拋出橄欖枝，你猶豫不決、權衡再三，最終錯過了一段又一段姻緣。所以，B型魔羯座的你桃花運比較少，真正的戀愛總是姍姍來遲。

　　雖然，你的心儀對象不少，也有異性真正打動過你的心，但理智告訴你不能隨意付出真心，你談戀愛是以結婚為前提

的。在尚未瞭解對方的性格、氣質、家庭背景之前，你不會輕易做選擇，更不會打開心扉或奉獻身心。你總把心儀的人當做結婚對象來考核，只有覺得對方符合結婚要求，才願意付出你的感情。但是，這種嚴肅、理性的態度，經常嚇跑不少人。

B型魔羯座的你，雖然在表達情感方面比較笨拙、拘謹，但是，你的內心卻是最真誠的，是那麼多血型星座中最忠實的情人。萬一碰到心儀對象而羞於表達的時候，不妨請個朋友幫忙，充當你的戀愛顧問，這樣效果必定十分良好。

與你談戀愛，或許是最不浪漫的事了，你一心想結婚，否則便會忐忑不安。而與對方談戀愛時，你對他（她）說得最多的不是撒嬌裝嗲或者甜言蜜語，而是很嚴肅地問起對方的家庭背景、經濟條件，以及未來在哪買房子、要生幾個孩子等問題，往往讓對方興致全無，相當掃興。

但平心而論，你是非常真誠的，而且對對方本著認真負責的態度。所以，假如你對一份愛情付出過真心，而又被對方拒絕了，那麼往往無法接受這個打擊。雖然表面上你裝出無所謂的樣子，但是心中卻悲傷萬分。

對於性，B型魔羯座的人是保守而又慎重的，尤其是女性，覺得未婚就發生性行為是可恥的、不可原諒的。不過，結婚後，你在性方面又會表現出熱情的一面，不像婚前那麼淡漠。

千萬別因一次失戀就否定了這世界上的愛情。

婚姻家庭

B型魔羯座的你，因為擇偶上的認真謹慎，所以毫不疑問地落到了晚婚的行列。而你們中的很大一部分，是由相親促成的。

你覺得選擇伴侶的慎重，是獲得幸福婚姻的保證。B型魔羯座的女性，在把對方列入考慮範圍時，會非常注意對方的家庭背景、經濟狀況，以及事業前景。同時，還會徵求親朋好友的意見，即使對方人品再好，如果其他方面離要求太遠的話，B型魔羯座的女性也會毫不猶豫地選擇放棄。至於B型魔羯座的男性，則比較著重女性的持家能力，外貌體型則為其次。

你雖然晚婚，但你一旦結婚後，你的家庭將會非常安定幸福，因為你會非常用心地去經營這份精挑細選得來的婚姻。同時，你家庭觀念非常強，對妻子、丈夫非常忠厚，為了家庭的和睦和幸福，你會做出很大的犧牲，所以你是非常不錯的結婚對象。

婚後，為了維持家庭的良好狀態，你會精打細算、努力使家人過得好一些。因此，你的生活異常樸實，工作也非常認真，所賺來的每一分錢都會得到你的合理安排，絕對不允許奢侈浪費的現象出現。所以，你的家庭經濟狀況一直能保持在不錯的水準。

如果你是B型魔羯座的男性，那麼你的責任感則會得到很好的體現。平時雖然沉默寡言、埋頭苦幹，而且很少把家裡的事跟外人講，但是家裡的事你從不懈怠，例如妻子吩咐要買的東西、要拜訪的親友，你都會圓滿地完成。

如果你是B型魔羯座的女性，那麼你處理家庭事物的能力會得到很好的體現。你非常善於處理家務，家庭收支也計劃得非常周密。

你會做出各式各樣的符合家人胃口的美味菜肴，能抓住家人的胃口，是個很稱職的家庭主婦。不過，由於你重視實際、不愛打扮、話題總是圍繞柴米油鹽，丈夫會覺得你少了一些女人的魅力與風情。所以，你在全身心為家庭付出的同時，還要把自己當做女人來打扮，這樣才能抓住丈夫的心。

另外，你還要注意的是，當你有了孩子以後，你不要把全部心思都放在孩子身上了，千萬別忽略了你丈夫的地位和感受。這樣，你的家庭才能和和睦睦、幸幸福福。

溫馨小提醒

別讓浪漫被油煙湮沒了。

最佳速配

►O型處女座、AB型處女座

這兩個類型的處女座聰明、努力不懈，他們和B型摩羯座有一定程度的相似之處。加上O型處女座、AB型處女座心地非常善良，極懂得體恤他人，所以往往能打動B型摩羯座的心。

►B型摩羯座、O型摩羯座

同是摩羯座，在性格上很相似，所以能彼此瞭解，在很多事情上達成一致，因此成為佳偶的機率比較大。

因為對自己的身體關注得比較多，所以B型摩羯座的身體還算比較健康。平時，你應特別注意調節情緒，例如更換家裡的擺設、種一些漂亮的花草等等，都能讓你時常消極的情緒得以緩解。

　　此外，皮膚問題是困擾B型摩羯座時間比較長的問題，你從青春期始就容易長雀斑、黑斑等，成年之後，皮膚也容易過敏或發癢。所以，平時一定要遠離那些容易傷害皮膚或導致過敏的食物或物品。

　　另外，胃較虛弱的人絕對不能抽菸。B型摩羯座比較常見的疾病是骨折、皮膚炎、骨炎等。

B型×水瓶座

●●●●●●●
性格分析
　　　　　　　　　●●●●●●●

　　B型水瓶座的你樂觀積極、崇尚自由、前衛時尚、厭惡被束縛、適應力極強。你喜歡挑戰新鮮事物，擅長與人交際往來。同時，你還是一個浪漫主義者。創造能力非常強，你適合

做理論證明方面的探索。你也喜歡就自己所理解的程度發表言論，不過你獨斷獨行與自以為是的態度，經常讓人感覺到你是在誇誇而談。

你的好奇心重、求知欲強，尤其對未知的世界擁有很強的探索慾望，例如對自然界、宇宙、動植物等尚為解開的謎團充滿興趣，曾試圖做深入研究。對於生活中那些你還不掌握的知識或技能，你充滿著求知的熱情。在你的腦海裡，你希望所有問題都能有一個比較正確或靠近的答案，否則，你會有點不安心。

因為你的想像力過於豐富和奇特，有時會有脫離現實的情況出現。所以，有時候你覺得和人家沒有話題，不是因為對方知識淺薄，而是可能你的話題太飄渺、不切實際了。在日常生活中，你必須注意這點。

你身上比較突出的一點就是──追求自由，這種氣質幾乎每個B型水瓶座的人身上都有。你討厭被約束、被羈絆，甚至連婚姻、財富、地位、名聲都被你認為是枷鎖。

除了身心的自由外，你也追求思想上的自由，你喜歡讓思想在一個毫無限制的想像空間裡自由漂遊。不受任何牽制的思考方式，是你的一個遠大的理想。你很博愛，你覺得人生最有意義的事情大概就是如何為人類、為團體做貢獻。

但是，無論哪種自由，在現實生活中都是比較難實現的。你必須具備足夠獨立的人格，能夠耐得住孤獨和寂寞。否則，你還是回歸現實，過上世俗而真實的生活吧。

温馨小提醒

學會在現實與理想間應需求平衡，否則，過度追求理想，會讓你忽略現實中的很多美好。

水瓶運勢

B型水瓶座的人生運勢非常不錯。在二十多歲時，你能遇上一般人很少遇到的機遇，藉此機會你能取得非常優秀的成績。如果這段時間你有貴人相助，那麼也會有不錯的運勢。

三十歲到四十歲，這是你人生中比較辛勞的時期，家庭生活不斷出現煩惱，工作和人際關係也會遇到大大小小的問題。不過，如果你能憑著自己的努力順利度過這段時間，那麼你五十歲後的人生將會變得安定幸福；如果這段時間你勉強度過，沒有化解難題，那麼你的晚年生活可能會漂浮不定。

整體來說，激發自身的潛能，將人生難題一一化解，不驕縱，不狂妄，那麼，你人生便會走進順利、幸福。

温馨小提醒

陽光總在風雨後。

職場命運

B型水瓶座的職場命運與個人的興趣愛好有非常大的關係。如果你能堅持自己的興趣愛好，不斷學習、拓展，並將它

　　們發展成事業，那麼你將會輕鬆獲得比較大的成就。而相反，如果你把心思放在其他你不感興趣的職業上，那麼你可能會花費相當大的時間和精力也無法取得很好的成績。

　　此外，如果你想在工作上取得不錯的成績，那麼你最好選擇能自由發揮才能的工作環境，那些過於刻板或保守的工作，你最好不要去嘗試。當然，按著別人的計劃進行的工作你最好也別去碰，否則你的才幹肯定得不到發揮。有時候，在失敗面前，你往往表現得灰心喪氣，但是，你如果再堅持一下，就有可能突破瓶頸而獲得成功。

　　對於B型水瓶座的女性來說，你既有工作，又有家庭，如果你在工作與家庭間無法兼顧的話，你最好選擇放棄工作。

溫馨小提醒

> 孰輕孰重，心裡要早有準備。

贏在職場

　　對於B型水瓶座的你來說，從事自由職業或自主創業都是最合適不過的選擇。因為這些職業能讓你的策劃能力、構思和創意得到最大程度地發揮。而那些事務性或手工藝方面的工作並不適合你，這些工作需要長時間的專注、耐心和毅力，會剝奪你創造力。

　　整體來說，適合你的工作有技術開發、策劃製作廣告撰文、美術設計、畫家、導演、電腦藝術等，可以嘗試的職業有航太工業、飛行、社工、政治家、科學家等，而最好別嘗試的

職業是公務員、製造業、會計師、營造、醫師。

你的創造力，就是你職場祕笈。

社交技巧

B型水瓶座的你隨和、親切，你無論在哪個人群中，都有超強的適應能力，和任何人都能立即打成一片，處理人際關係能力出類拔萃。所以，你的人緣非常不錯，往往擁有很多值得信賴的朋友。

不過，有時你會因為過於豪放，對周圍人群的心情與神色觀察得不夠仔細，也就是說你不太會「察言觀色」，所以有時候得罪一些人都不知道。

總而言之，在社會交往中，你顯得比較自我，不太會顧及別人的感受，覺得別人對你言聽計從也是理所當然的。

有時候，不要把自己看得太重要。

財富密碼

B型水瓶座的你，重視精神勝於物質，所以你屬於對金錢不熱衷的類型。事實上，雖然你不熱衷於賺大錢，但是你的財運並不差，你擁有很強的賺錢能力。

　　對待金錢，你認為賺錢是為了讓生活變得更快樂和自由，所以會「今朝有酒今朝醉」，再多的錢到你手上就像打水漂一樣，瞬間消失。花錢慷慨大方，所以交際費是你的一大筆支出。不過，你覺得把錢花費在交際上時再值得不過的事情了。

　　人際交往中的花費確實能給你帶來不錯的回報。因為從你的財運來看，別人帶給你的財運，可能比你本身擁有的財運更強。所以你懂得適當擴大人際關係，充分發揮人脈的作用，財源便可因此滾滾而來。

　　另外要提醒你的是，在拓展人際關係時，切勿過度浪費，否則你將會遭遇財務困難。

溫馨小提醒

　財運不錯，如果懂得稍加利用，你的人生會變得更加從容自得。

戀愛攻略

　　在那麼多血型星座中，如果要問哪一類型的人對愛情最不在乎，那麼答案就是 B 型水瓶座。B 型水瓶座的你，愛上一個人時不會欣喜若狂，恨一個人時也不會痛哭涕零，你對感情的態度是「淡如水」，非常的淡定、淡然。

　　這種態度與你博愛型的人道主義有很大的關係。你覺得愛情就像自然萬物一樣，存在是非常合理的，失去也是非常正常的。所以，談戀愛時你不會覺得這份緣分很難得，失戀時也不覺得是一種損失。

B型水瓶座的你，豪爽大方，所以總能吸引到很多不錯的朋友，擁有真摯的友情。而你的伴侶，大多是從這些「細水長流」的友情中發展起來的。你們兩人在一起，如同朋友一般地交往、談心，很隨和自然。談戀愛時，你對對方沒有獨佔的慾望，更不會有吃醋、嫉妒等情緒產生。你對待戀人的態度是，獨立自主，不合則分，大家都有選擇的權利。

　　你對性並不排斥，有可能跟對方相識不久就發生了性關係。但這在你看來並沒有什麼，只是兩情相悅罷了，不會因此就認定對方一定是陪你過一輩子的人。當然，這種關係也並不能因此而拴住你，或讓你們的感情更上一層樓，演變成婚姻。你依然對對方保持一貫的平淡感情。或許正因為這個緣故，所以即使和對方分手了，也不會覺得傷心難過，更少有依戀不舍的情緒。感情對你，可以像往事一樣，隨時淡忘。

　　B型水瓶座的你，算是比較早熟的，性觀念很開放，甚至能接受交換性伴侶、同性戀這些事，可說是思想相當開放的人。

溫馨小提醒

如果在愛情上抱著「超然」的心態，那麼你可能品嘗不到愛情帶來的激情與浪漫。

婚姻家庭

　　毫無疑問，B型水瓶座的你，適合自由戀愛而結婚，這跟你崇尚自由的本性不無關係。你不喜歡相親，覺得這是一種束

縛。大致上來說，你通常會選擇晚婚，因為你的自由奔放的個性不適合過早進入家庭中，否則往往會因受不了拘束而導致離婚。

過了適婚年齡後，你充分享受夠了單身生活，這時選擇結婚是再適合不過了。一般來說，你期盼著自由的婚姻家庭生活，你覺得兩人在一起，不一定要互相干涉，可以各自尋找自己的興趣和理想，也只有這樣才能讓你覺得自在和幸福。

你儘量不要選擇過於保守古板的伴侶，否則，你們兩人的生活步調將永遠無法保持一致，家庭生活也更沒有幸福可言。特別是Ｂ型水瓶座女性，如果你的丈夫太保守，那麼他永遠也無法瞭解你對自由生活的追尋，還會誤解你，而產生嫉恨，甚至導致婚姻決裂。所以，志趣相投，目標一致，這是擇偶時必須要認真考慮的。

對待家人，你非常尊重，也會給彼此提供極大的自由空間。當家裡出現問題時，你絕對不會以爭吵來解決，而是以十分民主公正的方式來進行溝通。因此，你的家庭總是吉祥和睦、充滿歡樂和朝氣。

Ｂ型水瓶座的你，不願被一般的家庭教條所束縛。在你的觀念中，丈夫不一定就是必須是經濟的供給者，而妻子也不一定就必須退避家庭相夫教子。

Ｂ型水瓶座的男性，很少會擺出大男子主義的作風，但是，在內心深處，你並不希望妻子過多地干涉你，而家庭中瑣碎的小問題，你希望她能全部解決。

而Ｂ型水瓶座的女性，心胸非常開闊。你對於全職家庭主

婦並不感興趣。你希望自己還能回到職場，發揮自己的作用，表現自己的才能。不過，要提醒你一點的是，如果太專注於追求自己的理想，可能會導致家庭經營不當，矛盾多多。因此，B型水瓶座的女性需要均衡一下家庭與事業的關係。

溫馨小提醒

自由很重要，但不能過分自由，這樣會影響家庭中的關係。

最佳速配

►O型雙子座、B型雙子座和AB型雙子座

個性強、有雙重性格、令人搞不清楚心思的O型雙子座、B型雙子座和AB型雙子座與B型水瓶座有某種程度上的相似，因此雙方具有一定的吸引力。

►AB型天秤座

品味高雅、優雅從容、談笑風生的AB型天秤座對B型水瓶座擁有一種說不出來的吸引力。

健康小站

B型水瓶座很少會出現肥胖的情況，你對環境適應力極強，很少會因為氣候與環境的變化而出現水土不服的狀況。但是，B型水瓶座的你患頸椎與脊椎疾病的比例非常大，因此一定要多加注意，儘早制定運動方案。此外，也要注意調節自己

的情緒，小心被焦慮症與憂鬱症所打擾。

整體來說，你最好還是要經常參加運動，及時舒緩精神壓力，更應避免毫無節制的生活。B型水瓶座的常見疾病是血管硬化、心臟衰弱、胃潰瘍等。

B型 × 雙魚座

性格分析

B型雙魚座的你，非常感性和敏銳，對於他人微妙的心理變化，你總能把握得比較精準。然而你有時候又太在乎別人的感受和看法，容易受到傷害，這種多慮的性格讓你變得比較神經質。

其實，在你的性格中，也存在著矛盾的一面，比如失敗了，你有時非常在意但有時候又能看得很開。前者是雙魚座的性格，後者則是B型人的態度。雙魚座與B型人的截然不同的性格混雜在一起，往往讓B型雙魚座顯得神祕莫測。

你的好奇心很強，對身邊的所有事情總想一探究竟。同時，你對事情有打破砂鍋問到底的精神，所以在你好奇心的「指使」下，你的興趣逐漸多元化，知識面又非常廣泛。但

是，由於天性上缺乏耐心，你總表現出朝三暮四、喜新厭舊的樣子，這樣導致你學習及興趣都無法始終如一。

一般來說，B型雙魚座的你，重視精神生活勝於物質生活。你對藝術及美感具有很敏銳的感知力和表達能力，是追求美與夢想的藝術家。B型雙魚座中的一部分人，會對神祕宗教著迷，對那些靈異現象也保持著特殊的興趣。

B型雙魚座的你，心地善良，性格溫和，熱心助人，不會為謀求一己私利而侵犯他人的利益。但是你往往比較容易情緒化，心情總是左右著生活與工作。所以建議你學會調節自己的情緒，切勿因為不良情緒而嚴重影響到你的工作與人際交往。

溫馨小提醒

學會做你情緒的主人。

雙魚運勢

B型雙魚座的你，一生運勢不錯，在物質上不虞匱乏，精神上也能得到滿足。

由於天性不擅長制定計劃，因此你的人生幾乎就是在不知不覺、混混沌沌中度過的。但是你的財運不錯，所以你在物質生活方面過得非常從容大方，甚至有時候會出現愛慕虛榮，虛擲浪費的行為。

在二十多歲到三十四五歲左右，是你一生當中錢財出入最多的時期，這時千萬不可忘了節儉。整體來說，你生活的各方面都不錯，很少會出現困擾。

職場命運

B型雙魚座的你擁有不俗的品味與傑出的才能，而且你又有順應力，有難得的直覺力、想像力、藝術的天分和羅曼蒂克的氣息。如果你選擇到了能充分發揮這些魅力的工作，那麼，你將會成為事業舞台上一顆閃閃發亮的星星。

有時候，B型雙魚座往往耽於幻想，希望能透過一些省力的巧工夫得到想要的東西，他們的信條是：幸運、等待。但這往往是不可取的，幸運只給勤奮者，等待只會浪費時間，你只有經過自己的勤奮，才能走好人生的每一條路，獲得事業的輝煌。所以，你要切記的是，工作時不要加入太多幻想，應該以勤為本。

勤奮可以使B型雙魚座更充分地發揮自己的聰明才智，做到任何天才所能做到的事，以及許許多多人所做不到的事。

贏在職場

對B型雙魚座的你來說，想像力、直覺、敏銳性都是你職場上的最大財富。你善於遵從自己的感覺，而你的感覺又比一

般人獨特。所以,如果能依照你的特長和興趣愛好來選擇職業,那是極佳的選擇。比如,你的音律、節奏感相當不錯,就非常適合從事音樂和舞蹈的創作和表演。

由於性情柔和,所以不適合在競爭激烈的公司裡工作;整體來說,適合你的工作有音樂家、畫家、詩人、演員、舞蹈、占卜師、美術教師、自由作家、設計師等。你最好別嘗試會計、金融、房地產、總務、製造業等職業。

善用你的感覺,將你的天賦才能發揮到恰到好處。

社交技巧

B型雙魚座的你思維模式比較簡單,天性樂觀,在人際交往中往往比較粗心大意,不會別人說的話記在心上,而且別人的煩惱也不會給你造成心理負擔,所以朋友們都喜歡找你傾訴煩惱或祕密。熱情、充滿愛心、樂於助人,幾乎不計較回報。你愛結交朋友和到處旅遊,生命對你來說,是輕鬆快樂、自由自在的。

你的抗壓能力很好,似乎沒有什麼事情能讓你覺得很煩惱,即使碰到不開心或不順利的事情,好好睡一覺後便會忘得一乾二淨。你不喜歡與人競爭,甚至有點淡泊名利的感覺。不過,朋友、上級交給你的事情,都會很認真地去做。

不過,B型雙魚座人有一個缺點,就是不擅長拒絕別人,經常讓問題無限期地延長下去,造成不好的影響,為自己增添

不少麻煩。所以，要學會說「不」，勿使自己吃虧而不自知。

對人生笑一笑，人生也對你笑一笑。

財富密碼

作為B型雙魚座，你的金錢觀是：有收入，能滿足基本生活就好了；有得花當然最好，沒得花也無所謂。

由此可見，你不重視金錢，也沒有賺錢的慾望，對財富數字沒有任何的概念。

從你花錢的方式上，可以看出你是一個非常慷慨大方的人，比如跟朋友一同吃喝玩樂，一定是你買單，但並不是大家要求你請客，而是你總搶在大家面前付錢。你只要上街購物，總是大包小包帶一堆東西回來，也不管實用不實用，只要自己喜歡覺得花再多的錢也無所謂。此外，如果借錢給別人，百分之九十的機率是收不回錢來，不是因為別人賴著不還，而是你根本忘了去催討。

整體來看，「吝嗇」二字，絕對扣不到你頭上。但是，「存錢」二字也幾乎與你無緣。像你這樣亂花錢、愛花錢的個性，想儲蓄、積聚財富，可說是難如登天。適合的生財之道，是利用你的興趣從事副業，例如，收藏古董、藝術品等。

溫馨小提醒

身上別帶太多錢，免得隨手花掉。

202

戀愛攻略

B型雙魚座的你，是一個多情且敏感的人。

無論你是B型雙魚座男性或女性，異性緣都非常好。尤其是女性，經常被異性追求，而且也很容易被對方甜蜜的表白所打動。因為你是個感情豐富的多情種子，實在不知道該如何去拒絕異性真誠的告白。通常，你的戀愛模式是等著別人來向你求愛。而事實上，你在眾多求愛者中，總是舉棋不定，因而你的愛情故事就接連不斷地誕生了。但是，奇怪的是，如果你主動對異性表達感情，卻往往收不到預期的效果。

你對愛情的態度是認真而執著的，為了愛情，你可以犧牲自己很多東西。比如，在談戀愛時，你只求付出，不求回報，即使對方再無理取鬧，你也會毫無條件地包容對方。談戀愛時，和對方如膠似漆，屬於濃得化不開的黏膩型。可是，如果不幸失戀了，你竟然不會特別傷心，而且轉過身，你又能馬上接受一份新戀情。可以說，你是一個桃花運旺盛的情場高手。

B型雙魚座的你，在沒接觸性之前，對性很嚮往，而且抱著很強烈的好奇心。對你來說，性是美妙愛情的催化劑，你覺得如果缺少性愛，那麼愛情便會索然無味。此外，B型雙魚座的你，有過分沉迷於性生活的傾向。所以，你必須學會謹慎地把持自己，不要給身心造成太大的危害。

感情過於豐富便成了濫情，在愛情中尤其忌諱濫情。

婚姻家庭

　　B型雙魚座的你，因為很受異性歡迎，所以你一生中的戀愛經驗往往不止一次。B型雙魚座大多是經過自由戀愛而結婚的，而經由相親結婚的非常少。不過你並不排斥相親這種方式，有時候還會覺得好玩。

　　你是個感性重於理性的人，尤其在談戀愛時經常如此。所以，你在為愛如癡如醉的時刻，缺乏理智的分析和考慮，便衝動決定結婚。但是，你對婚後所要面對的一切是根本沒做過考慮和安排。所以，當你們的甜蜜愛情被繁瑣的家務活和家庭關係沖淡了的時候，你們的婚姻也走到了盡頭。對B型雙魚座的人來說，之所以離婚大多是因為上面的原因。因此，婚前你一定要謹慎小心，對對方的優缺點有足夠的瞭解，覺得適合自己再決定也不遲，但就是千萬別意氣用事影響了一生的幸福。

　　如果你選擇了合適的結婚對象，那麼你們婚後將會過著非常穩定、愉快的家庭生活，即使過了很多年，你們的愛情卻歷久彌新，羨煞旁人。但是，如果婚後你們發現彼此性格相差太大，你絕不會抱著忍忍就算了的態度，而是開誠佈公地和對方談論，萬一無法解決，便會義無反顧地選擇離婚。這樣的結局雖然令人遺憾，但B型雙魚座在離婚之後，異性緣好的你一般不會孤獨一生，再婚的機會非常大。

　　對B型雙魚座的男性來說，年輕時你可能是個不太安守本分的人，經常做出任性、輕率的行為，可是婚後你就變成了截然不同的另外一個人。有了家庭之後，你會變得非常成熟和穩

重，想方設法牢牢地守護著自己的家。妻子兒女在你心目中的地位非常重要，他們往往是你精神上的支柱。

必須要提一提的是，B型雙魚座的你，在結婚前雖然戀愛經驗不少，可是一旦結婚後，你不會再出去玩，外遇的可能性更是沒有。

對B型雙魚座的女性來說，雖然你在結婚前有和別人傳過緋聞，可是婚後也會發生一百八十度大轉變，變成一個忠實的好妻子。而且，非常會帶孩子，和孩子的關係處得非常不錯。

溫馨小提醒

選擇一個好的伴侶，對你的一生影響很大。

最佳速配

▶B型處女座

B型處女座樂觀、快人快語、容易相處，有時候內心又非常謹慎，這些特點和B型雙魚座有很大的相似之處，所以雙方往往能產生無形的吸引力。

▶AB型摩羯座

AB型摩羯座是個絕對可靠的人，他們無論處在任何困難的環境裡，永遠那麼慎重而且勤勉，擁有別人望塵莫及的毅力，那親切的笑臉、完美的表現，往往讓B型雙魚座不由自主地心跳加快。

健康小站

　　B型雙魚座，易胖的體質讓你飽受苗條者對肥胖者的歧視，所以，減肥經常是你一個月喊幾次的口號。不過，正確的減肥方式不是絕食，也不是沒日沒夜地瘋狂運動，這些對你身體都沒好處，而且還很容易產生副作用。最好選擇正確的合理的運動方式，並加上適當的食物指導。

　　B型雙魚座有些人容易染上酒癮，這點你需要特別注意。而且，容易神經過敏的B型雙魚座，有必要尋找消除壓力的對策。整體來說，B型雙魚座常見疾病是神經衰弱、高血壓、香港腳、酒精中毒等。

◆ 姓名：＿＿＿＿＿＿＿＿＿＿＿　　□男 □女　　□單身 □已婚

◆ 生日：＿＿＿＿＿＿＿＿＿＿＿　　□非會員　　□已是會員

◆ **E-mail**：＿＿＿＿＿＿＿＿＿＿＿　電話：（　）＿＿＿＿＿

◆ 地址：＿＿＿＿＿＿＿＿＿＿＿＿＿＿＿＿＿＿＿＿

◆ 學歷：□高中以下　□專科或大學　□研究所以上　□其他＿＿＿＿

◆ 職業：□學生　□資訊　□製造　□行銷　□服務　□金融
　　　　□傳播　□公教　□軍警　□自由　□家管　□其他＿＿＿＿

◆ 閱讀嗜好：□兩性　□心理　□勵志　□傳記　□文學　□健康
　　　　　　□財經　□企管　□行銷　□休閒　□小說　□其他

◆ 您平均一年購書：□5本以下 □6～10本　□11～20本
　　　　　　　　　□21～30本以下　□30本以上

◆ 購買此書的金額：＿＿＿＿＿＿＿＿

◆ 購自：□連鎖書店　□一般書局　□量販店　□超商　□書展
　　　　□郵購　　　□網路訂購　□其他

◆ 您購買此書的原因：□書名　□作者　□內容　□封面
　　　　　　　　　　□版面設計　□其他

◆ 建議改進：□內容　□封面　□版面設計　□其他＿＿＿＿＿
　　您的建議：

讀好書品嚐人生的美味

專屬 B 型人的血型星座大解析